Desmárcate

Desmárcate

Desarrolla con éxito
tu marca personal

Xavi Roca Torruella

Prólogo de Lluís Martínez-Ribes
y Guillem Recolons

© 2015 Xavier Roca Torruella
© 2021 Xavi Roca Consulting SL
C/ Llevant 3 25110 Lleida (España)
www.xaviroca.com

Reservados todos los derechos. Queda rigurosamente prohibida, sin la autorización escrita de los titulares del copyright, bajo las sanciones establecidas en las leyes, la reproducción parcial o total de esta obra por cualquier medio o procedimiento, incluidos la reprografía y el tratamiento informático, así como la distribución de ejemplares mediante alquiler o préstamo públicos

Cualquier forma de reproducción, distribución, comunicación pública o transformación de esta obra solo puede ser realizada con la autorización de sus titulares, salvo excepción prevista por la ley.
Diríjase a CEDRO (Centro Español de Derechos Reprográficos, www.cedro.org) si necesita fotocopiar o escanear algún fragmento de esta obra

Índice

Prólogo de Lluís Martínez-Ribes y Guillem Recolons — 7
Introducción: Por qué gestionar la marca personal — 11

PARTE I: Marca y marca personal
1. ¿Qué es una marca? — 21
2. ¿Qué es la marca personal? — 33

PARTE II: Preparación de la marca personal
3. Autoanálisis: ¿quién eres? — 47
4. Diseña tu estrategia: ¿dónde estás y dónde quieres estar? — 63

PARTE III: Comunicación de la marca personal
5. Crea tu mensaje — 105
6. Comunicación offline — 117
7. Personal branding 2.0 — 147

Conclusión y despedida — 183
Epílogo — 185
Anexos
Checklist de la marca personal — 215

Prólogo

Haz que te prefieran

Aunque ya conocía a Xavi Roca porque había sido alumno mío en la escuela de negocios ESADE, fue el 8 de febrero de 2001 cuando nos reencontramos. Concretamente durante una entrega de premios a directivos del mundo del deporte, una de sus múltiples pasiones. Desde entonces, he seguido su trayectoria profesional y he sido testigo directo de la implicación y compromiso que pone en todo aquello que realiza.

Como bien dice Xavi: «el mundo del *marketing* y el del liderazgo han sido mis dos grandes pasiones, académicamente hablando. Y cuanto más he podido profundizar en el estudio de ambas disciplinas, más similitudes les veo». No es por tanto de extrañar que la marca personal le haya atrapado hasta haberse convertido en un especialista.

La combinación de *marketing* y liderazgo tiene mucha lógica, porque se trata de lograr *que te prefieran*, aunque no todos, sino aquellos quienes te importa que lo hagan.

Este libro no busca dar consejos y trucos, sino que recoge de manera muy completa la base teórica sobre la que se sustentan los múltiples ejemplos que el autor va desgranando. De esta manera y, dado que teoría y práctica se van alternando, este manual puede resultarle interesante tanto a quien ya se haya adentrado en la marca personal previamente, porque profundizará en conceptos esenciales, como a quien se introduzca en ella por primera vez, ya que le permitirá descubrir un abanico de posibilidades que quizás ni se había planteado.

Lograr notoriedad de tu marca personal es importante, y saber darle el sentido apropiado lo es mucho más.

Lluís Martínez-Ribes, profesor titular de innovación en *retail* y *marketing* (ESADE *Business School*)

www.martinez-ribes.com

***

Desmarcarse no es un lujo, es una necesidad

Siempre me ha gustado rodearme de inconformistas. Y Xavi Roca es uno de los grandes, de los que no tienen reparos en sacrificar el confort para explorar nuevas rutas que ayuden a llenar su espíritu ávido de nuevas experiencias. El *personal branding* o marca personal está de suerte; es una de las rutas que el autor no solo explora sino que domina sin matices.

Una de las clásicas herramientas creativas que nos propone el pensador y psicólogo maltés Edward de Bono en su libro *El pensamiento lateral* es la revisión de supuestos. El libro de Xavi Roca desmonta muchos de ellos, y lo hace con el apoyo de una solidez bibliográfica poco habitual y que define muy bien la marca de su autor.

Atreverse con un libro sobre marca personal, después de que Neus Arqués, Andrés Pérez Ortega y algunos otros lo hayan hecho ya en lengua castellana, solo puede ser obra de un loco o de alguien que tiene nuevas cosas que aportar al mundo de la marca personal. O de alguien que reúna ambas condiciones.

La aportación de este libro es múltiple y se resume básicamente en dos pilares: Por un lado, los referentes que utiliza, que son de una riqueza, extensión y precisión implacable y, por otra parte, la practicidad, con ejemplos, atajos, sugerencias y pistas para la utilización de herramientas concretas, con el fin de manejarlas con éxito.

Muchos ven el *personal branding* como una moda pasajera, pero leyendo este libro, escrito por un Estratega (con mayúscula), quedará claro que, lo llamen como lo llamen, el *branding* personal ha llegado para quedarse.

Y si el libro es grande, el epílogo es la guinda del pastel. Se trata de un conjunto de reflexiones finales que complementan perfectamente la teoría.

Este consultor y profesor de la Universitat de Lleida no te dejará indiferente en este libro, es más, te ayudará a desmarcarte y a liderar tu propia marca personal. En un mundo cada vez más numeroso y global, desmarcarse no es un lujo, es una necesidad. Xavi Roca tiene la generosidad de explicar cómo, aprovechémoslo.

Guillem Recolons, socio y consultor de Soymimarca

www.guillemrecolons.com

Introducción

Por qué gestionar la marca personal

Las personas con frecuencia olvidamos lo que vemos o aquello que nos dicen u oímos. Sin embargo, recordamos aquello que hemos sentido emocionalmente. Las emociones son lo que realmente queda grabado en nosotros. Nuestra capacidad de recordar las emociones va más allá de la racionalidad. Seguro que en tu memoria han quedado grabadas personas especiales, que no han sido ni las más listas ni las mejores, sino que fueron aquellas que te hicieron sentir especiales, que te hicieron disfrutar, que te hicieron sufrir, etc. Fueron amigos, familiares, profesores, desconocidos... que dejaron huella en ti. La aspiración con tu marca personal consiste en lo mismo, en dejar marca en la mente de las personas, y también en el corazón.

¿Estás en la red? Si la respuesta es positiva, ¿te gustas?, ¿qué transmites, seguridad, introversión, experiencia, apatía...? ¿Realmente esa persona que está en red se parece a ti? ¿Quieres ser fidedigno a tu persona o pretendes mostrar a alguien ideal? Y tus amigos y colegas, ¿te reconocen?

Hoy en día la red es un gran escaparate. Aunque queramos vivir en el anonimato, la tecnología nos muestra allá adonde llega y, lamentablemente, no podemos controlarlo. Puedes vivirlo como una amenaza, o puedes utilizarlo en tu favor. Si tomas la segunda opción, es preferible que te esmeres en proyectar la imagen que deseas. Por otra parte, fuera de las redes, ¿sabes qué opinión de ti estás generando? Tu manera de vestir, las actividades que desarrollas, la forma en que hablas, etc., todo da información sobre ti, lo quieras o no.

Hay momentos en la vida en que necesitamos aprovecharnos de la información que emitimos para conseguir un objetivo concreto. Por ejemplo, para formar parte de un proyecto, para comercializar servicios propios o ajenos, etc. Es en estas situaciones cuando nos damos cuenta de que debemos destacar para que las personas que toman las decisiones se fijen en nosotros. Tener una imagen bien definida y ser reconocido como una persona confiable, hará que te busquen para hacerte propuestas insospechadas y que te darán satisfacción y felicidad.

Gestionar la propia marca personal es un reto apasionante, complejo e imprescindible. Si no la cuidas ni crees que sea importante, la consecuencia puede ser una imagen sesgada y bastante distinta a lo que tú eres. Para comprender lo que significa la gestión de la marca personal me gusta utilizar un árbol como metáfora. Cualquier árbol consta de una parte visible (básicamente el tronco y la copa) y de una parte no visible, que son las raíces y la tierra en el que crece. Generalmente, cuando alguien piensa en un árbol se fija solo en la parte visible, y no en la parte que está bajo tierra.

Cuando hablo de marca personal la gente suele pensar en cómo hacerse más visible, cómo comunicarse mejor, utilizar las herramientas 2.0 como la web, el blog personal o las redes sociales. Efectivamente, los aspectos observables son muy importantes en la gestión de la marca personal. Ahora bien, tal y como sucede con los árboles, para que la parte visible evolucione bien, sea preciosa y llame la atención por su buen aspecto, es necesario que las raíces sean sólidas, es decir, que sustenten debidamente al árbol y a su vez, que lo hidraten y lo nutran para garantizar su óptimo desarrollo. Con la marca personal sucede lo mismo. Para que la parte visible sea exitosa, resulta fundamental que las raíces sean consistentes y realicen perfectamente su labor. Y las raíces de nuestra marca personal, siguiendo con el símil del árbol, no son más que el análisis y la estrategia. Resulta difícil comunicar si antes no te conoces debidamente y no has diseñado la estrategia adecuada para llegar a tus objetivos. Esto es lo que pretendo enseñarte en este libro.

Una breve presentación sobre mí

Es posible que te preguntes cuál es mi papel en la manera en que te muestras al mundo y cómo te puedo ayudar. Pues la respuesta es muy sencilla, desde niño sentía fascinación por las marcas y eso me llevó a estudiarlas y desentrañar su funcionamiento, hasta llegar a dedicarme profesionalmente a ellas.

Otro hecho relevante en mi biografía sucedió durante los discursos de mi graduación en Administración de Empresas. Uno de los ponentes afirmó lo siguiente:

> Debes conseguir que en tu tarjeta de visita, la primera línea sea siempre más importante que la segunda.

La frase sembró en mí el deseo de explorar la gestión del proceso de visibilidad y reconocimiento de las personas a partir de los conceptos de *marketing* empleados en el desarrollo de las marcas. Nacía en mí, en ese preciso instante, el deseo de profundizar en la marca personal, aunque todavía no sabía cómo llamarla. Años más tarde, a principios de los

2000, cuando empezaron a publicarse en Estados Unidos algunos libros sobre este tema (Peter Montoya, William Arruda...) y, un poco después en España, de la mano de Neus Arqués y Andrés Pérez Ortega, por fin pude dar rienda suelta a mi afán de sumergirme en todo lo relacionado con la marca personal. En el año 2001 fundé mi propia empresa de consultoría (Smart Marketing) y desde entonces me dedico a asesorar profesionalmente a las personas en el desarrollo de su marca personal, sumando mi experiencia como consultor de *marketing*, gestor de empresas y formador.

El estímulo definitivo para lanzarme a la aventura de escribir este libro ha sido el interés de muchos de los asistentes a mis charlas en profundizar en el *marketing* personal.

¿Cómo he enfocado esta guía y qué valores fomenta?

He escrito un libro práctico, ilustrado con ejemplos personificados en distintos profesionales y experiencias propias. Encontrarás conceptos e ideas que te centrarán en tu caso y/o te harán reflexionar.

A lo largo de este libro y, después de darte algunos conceptos previos, te explicaré, en primer lugar, cómo modelar tu marca. En segunda instancia te daré las pistas para que definas tus objetivos. En tercer lugar, te ayudaré a buscar las coordenadas para saber en qué parte del mapa te sitúas. Y en último lugar, te mostraré las herramientas que te harán visible para conseguir tu objetivo. Si sigues los pasos que voy pautando, finalizarás el libro con tu marca personal definida y un plan para comunicarla.

Como he avanzado anteriormente, basaré mi enseñanza en técnicas de *marketing* y gestión empresarial que durante años se han utilizado con las marcas corporativas, puesto que son compatibles con la formación de la marca personal.

El método para conseguir una marca personal potente consiste en orientar tus acciones de ti hacia los otros, es un trabajo de interacción que se inicia con la generosidad de dar. Tu responsabilidad, junto al conocimiento y la confianza, van a hacer de ti una persona respetada y deseada, y como resultado recibirás los frutos de tus acciones.

El libro que tienes ante ti es una guía para alinear tu identidad personal y profesional, y pretende mostrarte el camino para conseguir aquello que te gusta, sea en el mundo digital o en el analógico, en armonía con aquellos a quien quieres dar servicio.

¿A quién va dirigido este libro?

A lo largo de mi carrera profesional, siendo empleado de otras empresas, trabajando en mi propia consultora, dando clases en la universidad o dictando conferencias ante un público general, me he percatado de que hay múltiples ocasiones en que se necesita visibilidad y una buena reputación personal/profesional.

Este libro va a ser muy útil para crear el mapa del presente y del futuro de profesionales y empresarios; para los que quieren moverse lateral o verticalmente dentro de la empresa; también para quienes necesiten reinventarse para su supervivencia; para futuros trabajadores y emprendedores, etc.

En general, para cualquier persona que no se deja arrastrar por la corriente, sino que tiene ideas para su futuro y sabe lo que no quiere, alguien que toma las riendas de su propia carrera profesional.

Las necesidades que se pueden atender con el *marketing* personal son infinitas. Algunas de las más comunes son: ahondar en el autoconocimiento, crear un argumentario de cualidades personales y profesionales, definir un perfil de empleabilidad, ganar en visibilidad y sobresalir, relacionarse más fluidamente con el mercado, etc.

Por otra parte, el ámbito en el que cada uno puede desarrollar su marca es muy variado, desde el mercado más local, hasta el global. Pensemos en doctores, arquitectos, artistas, empresarios...

La felicidad y el éxito

Para acabar esta introducción, quiero hacerte una última consideración. Unos de los máximos anhelos de las personas son la felicidad y el éxito. Con los años he llegado a la conclusión de que las personas que consideramos felices y con éxito son aquellas que generalmente tienen una marca personal muy potente y trabajada a consciencia durante mucho tiempo.

Se conocen muy bien a sí mismas, se dedican a aquello que les gusta, realizan aquellas tareas en las que son realmente competentes y que, a su vez, les permiten aportar más valor a la sociedad. Del mismo modo, suelen tener éxito porque son personas que trabajan su estrategia personal y saben comunicar claramente su propuesta de valor, es decir, son personas que saben cómo diferenciarse para conseguir que les compren, son buscados y cotizados.

Mi deseo es que este libro te de las claves para que puedas desarrollar una marca personal potente y distintiva, lo que sin duda te ayudará a tener más éxito y, sobre todo, a ser más feliz. Espero que lo pases bien y que, por mi parte, consiga transmitirte mi pasión por la marca.

Xavi Roca, , 7 de enero de 2015

Parte I
Marca y marca personal

1. ¿Qué es una marca?

> Una marca es una historia que siempre está contándose
>
> **Scott Bedbury,** creativo publicitario

En este capítulo te explicaré qué es una marca y qué relación tiene contigo. Seguramente piensas que eres una persona y no un producto. Tienes razón. El motivo por el que utilizaremos la marca como concepto y ejemplo para el desarrollo del perfil profesional de las personas responde a la gran cantidad de puntos en común entre ambos y porque la marca comercial/corporativa permite ilustrar, de forma muy comprensible, cómo funcionan los mecanismos de comunicación e interrelación. Veamos el origen de la marca para entender qué es.

La naturaleza es muy diversa. Una de las formas desarrollada por los humanos para gestionar la información sobre su entorno ha sido la clasificación: cielo, tierra, mar, montaña, etc. Y nuestra racionalidad nos ha hecho avanzar unos pasos más y nos hemos atrevido a crear abstracciones y elementos nuevos, que a su vez hemos clasificado (alto, bajo, pequeño, grande, etc.).

Las marcas, como elemento de diferenciación, forman parte de ese universo creado por la mente del hombre, para comunicar y comunicarse mejor con sus semejantes. Como ejemplo de la creación de una marca como elemento de comunicación complejo, nos podemos referir a una práctica tan antigua como la marca del ganado. A lo largo de la historia, los ganaderos han marcado a fuego sus animales con un símbolo, para dar a entender que son de su propiedad y que poseen un estándar de calidad (especialmente si deben ser comercializados). En definitiva, las marcas sirven para comunicar y, en ese sentido, diferenciar las cosas, unas de otras.

Si nos detenemos a pensar sobre la cantidad de personas de este mundo y nuestras similitudes, veremos que generalmente tenemos bastantes rasgos comunes. Es dentro de esta lógica que debemos entender la necesidad de desarrollar una marca particular, puesto que será útil para diferenciarnos, gestionar nuestra visibilidad y facilitar a los demás nuestra localización. Dicho de otro modo, los humanos necesitamos mostrar unos atributos que permitan que se nos distinga.

El concepto y uso de la marca

Veamos algunas acepciones de marca para comprender lo que implican. Para empezar, la marca puede ser aquella señal hecha en una persona, animal o cosa, para distinguirla de otra, o denotar calidad o pertenencia. Si nos adentramos en el mundo de los productos de mercado, la marca hace posible que los consumidores sean capaces de identificar diferentes bienes y servicios, que tomen decisiones de compra con mayor facilidad y que sean más conocedores de la calidad del producto o servicio en cuestión.

Según el mayor gurú de *marketing* mundial, Philip Kotler, una marca «es un nombre, término, signo, símbolo, diseño, o una combinación de ellos, cuyo objeto es identificar los bienes y servicios de un vendedor o grupo de vendedores con el objeto de diferenciarlos de sus competidores». Así pues, ya sea que se trate de un nombre, una marca comercial, un logotipo u otro símbolo, en el mercado una marca es, en esencia, la promesa de una parte vendedora de proporcionar, de forma consistente a los compradores, un conjunto específico de características, beneficios y servicios.

> **Una persona puede desarrollarse como una marca para diferenciarse de otras personas, con el objeto de hacerse ver o ser reconocida por algún atributo o atributos concretos y ser preferida frente a otras**

Para finalizar este rápido repaso al concepto de marca nos queda por destacar que *marcar* significa dejar una impresión inolvidable en la mente de una persona, es decir, actuar sobre alguna persona o alguna cosa imponiéndole carácter o dejándole una huella moral. Este concepto nos sumerge en un aspecto importante: la marca se crea en la mente de cada persona. A cada uno le puede sugerir cosas distintas, dependiendo de sus vivencias.

En la actualidad, la presencia y la cultura de las marcas está muy arraigada en la sociedad. Algunas de ellas generan auténticos devotos y son capaces de atraer a muchas personas. Un ejemplo de esta vinculación tan emocional puede ser la marca norteamericana de motocicletas Harley Davidson. Los propietarios de las Harley se sienten muy orgullosos de poseerlas, tienen un gran sentido de pertenencia y forman una comunidad que incluso llega a tener un estilo de vida con rasgos comunes. En definitiva, como se desprende de este ejemplo, una marca también puede ser usada para unir a un grupo de personas por sus preferencias.

¿En qué se basa una marca?

Si las marcas sirven para dar nombre a algo y diferenciarlo, ¿cómo se construyen, en qué se basan? Principalmente, para que las marcas sean bien reconocidas en el mercado, deben estar fundamentadas en unas cualidades del producto, unos beneficios (funcionales o emocionales), unos valores y una personalidad clara. Veámoslo.

Promesa de valor

Las marcas potentes y bien trabajadas suelen tener unos determinados niveles de calidad esperados, distintos a los de productos sin marca o con marca blanca. Para comunicar ese valor cualitativo suelen utilizar argumentos racionales y emocionales que sugieren una promesa de valor para el cliente. Evidentemente, el producto debe ser congruente con la comunicación. De nada serviría comunicar muy bien que una marca tiene determinada calidad si luego, cuando el cliente prueba el producto, no se cumple la promesa.

La promesa de valor se construye con una frase muy simple y clara que sea elocuente sobre: cómo resolver un problema, mejorar una situación, aportar un beneficio concreto o motivo por el que elegir el producto. Por ejemplo, la propuesta de valor de la red social de fotografías Instagram fue: «Captura y comparte momentos con gente de todo el mundo». ¡Es simple y explícito!

Elemento diferenciador

Como he comentado en las primeras páginas de este libro, un elemento básico del concepto de marca es que permite diferenciar unos productos de otros. En este contexto, tener marca es lo contrario al concepto de *commodity* o producto con un nivel de diferenciación muy bajo.

La correcta gestión de la marca permite, en cierta forma, evitar que se vea obligada a competir en precio como única estrategia (los productos *commodity* suelen diferenciarse por precio, ya que son muy básicos y no pretenden sobresalir ni por su diseño ni por otros atributos de valor añadido). El desarrollo de la marca se puede apoyar en aspectos como el servicio al cliente, la calidad del producto, el diseño, etc.

> **Cada marca elige de qué forma se diferencia de sus competidores como estrategia fundamental, en un mercado cada vez más saturado y más competitivo**

Un caso bastante gráfico de diferenciación es el de Apple. A lo largo de su trayectoria, sus productos se han caracterizado por ser distintos a los de su competencia por colores, formas, sistemas operativos, productos, etc. En definitiva, Apple se diferencia por su estilo propio, diseño e innovación.

Transmisión de información

Una marca es una forma de concentrar gran cantidad de información en un pequeño espacio. Solo con el logotipo u otra imagen, las buenas marcas son capaces de comunicar muchas referencias: qué productos venden, qué servicios, su nivel de precios, etc. Un ejemplo de logo comercial que sugiere mucha información es el de la empresa de material deportivo Nike, que por sí solo da imagen de simplicidad, optimismo y ligereza.

Confianza

La confianza es otro de los aspectos fundamentales del concepto de marca. Los consumidores confían en una determinada marca porque la consideran segura, de calidad y están convencidos de que no les va a defraudar. En este sentido, creen que vale la pena el esfuerzo en tiempo, desplazamiento, búsqueda de información, comparativa con otros, etc. para adquirir sus productos o servicios.

A menudo, la confianza se transmite al consumidor a través de la comunicación publicitaria. ¿Qué productos pueden relacionarse con este atributo y cómo lo dan a entender al público? Un caso muy común son los productos vinculados con la seguridad o la salud de las personas, como por ejemplo los de alimentación. Para asociar alimento con confianza, las marcas suelen apoyarse en la calidad de los ingredientes del producto.

Un ejemplo concreto de producto que puede centrar su comunicación en la confianza es un reloj, puesto que para muchas personas es imprescindible que sea preciso. La marca de relojes de lujo Rolex a menudo asocia su imagen a un deportista de élite, que necesita un instrumento de precisión fiable y de su máxima confianza. Es obvio que los deportistas deben ser precisos para ganar y que, muchos de ellos, luchan por realizar los mejores tiempos. Asimismo, Rolex ha realizado campañas con grandes personajes del cine o de la música, que son personas respetadas, muy seguras de sí mismas y muy precisas. Como se observa en estos ejemplos, Rolex se ha servido de grandes marcas personales, que desprenden unos fuertes atributos de confianza, para asociarlos a su marca.

Generación de expectativas

Para que una marca sea capaz de generar expectativas claras entre su público objetivo, debe crear una comunicación consistente. Por ejemplo, el resultado del diseño riguroso hará que el público, con ver algunos de sus elementos (logotipo, colores, imágenes...) los identifique rápidamente y sea capaz de tener unas ideas claras de qué va a encontrar. En este contexto, un logotipo puede sugerir una marca dedicada a un sector concreto, sería el caso del uso de la cruz en productos o servicios relacionados con la salud.

El desarrollo correcto de la comunicación a lo largo del tiempo, es decir, la coherencia del mensaje, y sobre todo la perseverancia (comunicar siempre una misma idea o un mismo posicionamiento), son determinantes para generar una expectativa sólida. Si las comunicaciones cambian periódicamente, los clientes quedarán confundidos y se borrará cualquier información clara sobre lo que se puede esperar de la marca.

La marca de bebida energética Red Bull realiza un trabajo de *marketing* impecable en cuanto a la generación de expectativas. A partir de su comunicación, evoca atrevimiento, riesgo, resistencia, exclusividad. Red Bull es un único producto que se produce en tres versiones (normal, sin azúcar y edición especial). El público objetivo es joven, busca actividad y energía continua. Con estos ingredientes, los responsables de la marca crearon un eslogan relacionado con las expectativas de su público y los efectos del producto: «Red Bull te da alas». Con el fin de reforzar continuamente la idea de energía, atrevimiento, desenfado, etc., las acciones de *marketing* están centradas en patrocinio de eventos y equipos deportivos, algunos de ellos exclusivos y de alcance global, conectados con el riesgo y la valentía de los deportistas —grandes marcas personales de su disciplina—. Asimismo, se vincula a su público a través de videojuegos, música y una web muy bien definida. Todo ello apoyado en una gran inversión publicitaria en medios.

Relación con el entorno

Otra característica de las marcas sólidas es que saben gestionar debidamente las relaciones con su entorno. Se trata de comunicar y gestionar eficientemente la relación existente entre la marca y los *stakeholders* (proveedores, clientes, sociedad, administraciones públicas, trabajadores...).

Un buen ejemplo de esta relación con el entorno se puede observar en la comunicación de algunas entidades financieras, que desean unir lazos con la comunidad donde operan para dar a entender que también forman parte de ella. En este contexto, pueden mostrarse ofreciendo apoyo a personas discapacitadas, patrocinando eventos locales, dialogando con los vecinos, etc. En definitiva, quieren dar una percepción de proximidad, de cercanía con la sociedad, es decir, una imagen amable y contraria a unos financieros lejanos, desconectados de la realidad, sin escrúpulos y únicamente centrados en el beneficio.

Beneficios de tener una marca potente

Después de ver algunas características de las marcas, es necesario entender qué provecho se puede sacar de ellas. Voy a comentar algunos beneficios como ejemplo, aunque puede haber muchos más.

Percepción de valor

Una de las principales ventajas que ofrece el hecho de disponer de una marca sólida es que, en general, los clientes están dispuestos a pagar más por sus productos o servicios. El cliente, amparado por la confianza y la calidad que le ofrece el producto de marca suele elegirlos, aunque sean más caros que productos con marcas menos potentes o productos indiferenciados. Además de los datos puramente tangibles y racionales, el cliente seguramente tenga informaciones emocionales que hagan decantar su decisión hacia marcas de las que tiene algún conocimiento. Un ejemplo de este caso sería la elección de una cafetería de precio superior a la media y de la que tenemos referencia (por ejemplo Starbucks), frente a una cafetería más económica de la que no sabemos nada y no nos transmite ninguna emoción.

Predilección

Otra de las características de las marcas potentes es que suelen ser las preferidas de muchos clientes cuando se comparan con otros productos de características similares. Esto sucede tanto para productos donde la decisión se toma en el propio punto de venta (por ejemplo, Coca-Cola frente a otras colas), como para productos de alta implicación, como puede ser el caso de la compra de un automóvil, que es mucho más meditada.

Extensión de marca

El hecho de disponer de una marca bien construida (notoria y con buena imagen) permite que pueda ser utilizada como base en productos de otras categorías o sectores. Técnicamente, a este uso se le conoce como *extensión de marca* —*brand extension* en inglés—. Es una práctica habitual en empresas que, tras años de éxitos en un determinado mercado, se plantean lanzar un nuevo producto bajo la misma marca en otro sector, aprovechando su valor en el mercado. La posibilidad de extender la marca depende básicamente de lo fuerte que es la relación entre el consumidor y los objetivos y valores de la marca en cuestión. Es necesario ser muy cuidadoso al dar ese paso, puesto que si el nuevo producto no tiene el éxito deseado en la nueva categoría, puede afectar negativamente a la imagen de marca en general. Un ejemplo de extensión de marca lo podemos ver con Google, el buscador de internet, que utiliza su nombre en nuevos productos (Google Maps, Google Earth, Google Street View, Google Glasses, etc.), con el objetivo de que los consumidores los conozcan y adopten más rápidamente. Operativamente, aprovechan la potencia del nombre, la confianza y los valores que proyecta la marca.

Fidelización

Por otra parte, la confianza de los clientes hacia la marca después de probar sus productos o servicios, hace que estos se fidelicen, es decir, que repitan compras porque adquieren una actitud muy positiva hacia la marca. En cierta manera, los clientes se comprometen con la marca. Por ejemplo, suele pasar que si alguien ha tenido o probado un vehículo de una determinada marca y la experiencia ha sido positiva, tome un apego emocional con la marca y la vuelva a comprar o utilizar.

Atracción de talento

Sin duda, la atracción de una marca hace que las personas quieran participar de ella y, por tanto, atrae talento y el interés de otras empresas. Resulta evidente que los mejores profesionales, entre dos puestos de trabajo idénticos (con las mismas condiciones: salario, horarios, responsabilidad...), elegirán aquella empresa con una marca más potente y atractiva. Incluso muchos profesionales son capaces de renunciar a condiciones salariales ventajosas o de otra índole para poder trabajar en aquella empresa con una marca más potente. ¿Quién no querría trabajar con alguien a quien admira?

Reputación

La misma situación de la atracción de talento sucede cuando hablamos de distribuir o ser proveedor de una determinada empresa. Cuanto mayor sea el prestigio y atractivo, más poder de atracción. Son varios los motivos que causan este comportamiento. Una de las razones es que la marca de la persona que trabaja para la empresa prestigiosa se revaloriza por la reputación que le otorga ser empleado (o proveedor o distribuidor) de la marca reconocida. Y a medio y largo plazo, esta revalorización supondrá enormes ventajas. También existe una razón mucho más emocional: la mayoría de las personas se sienten atraídas por las grandes marcas, suelen sentirse más a gusto, suelen tener más autoestima y, en definitiva, suelen ser más felices cuando trabajan para marcas atractivas y ampliamente reconocidas. Quieren formar parte de algo sólido y con unos valores compartidos. Si te gusta el espacio, ¿qué te parecería trabajar para la NASA?

2. ¿Qué es la marca personal?

> Tu marca es lo que dicen de ti cuando no estás delante
>
> **Jeff Bezos,** Fundador y CEO Amazon

Después de ver qué caracteriza a las marcas y qué beneficios se pueden obtener de ellas, ya estamos en condiciones de profundizar en el concepto de marca personal —*personal branding* en inglés—. Para ello, te contaré en qué consiste, las ventajas que tiene su uso y cómo gestionarla.

La marca personal es un concepto de desarrollo personal que defiende la formación y el cuidado de la reputación personal para diferenciar a unas personas de otras, con el fin de conseguir mayor éxito en el ámbito personal y profesional. Su implementación se realiza principalmente a través de acciones de proyección de una imagen diferenciada (única e irrepetible) y duradera en el tiempo. Ha habido distintos autores de literatura empresarial que han tratado este concepto, aunque quien lo popularizó fue el norteamericano Tom Peters en 1997. Peters parte de la idea de que las marcas nos rodean constantemente, forman parte de nuestras vidas, y, por tanto, es fundamental que nos responsabilicemos de la marca más cercana a nosotros, es decir, la nuestra propia.

> **En esencia, lo que persigue la marca personal es la irradiación de unos atributos que nos hagan más apetecibles ante nuestro entorno**

Hace años leí una definición de marca personal que me encantó. Su visión es muy completa y *marketiniana*, así que la reproduzco aquí:

> La marca personal describe el proceso por el cual los individuos y empresarios se diferencian y destacan entre una multitud, identificando y expresando su propuesta de valor único, ya sea profesional o personal, que después promocionan en diferentes plataformas, con un mensaje y una imagen consistentes que les permiten conseguir una meta específica. De esta forma, los individuos pueden conseguir que se les reconozca cada vez más como expertos en su terreno, para labrarse una reputación, credibilidad, fomentar su carrera y mejorar la confianza en sí mismos.

Características y componentes de la marca personal

La definición que acabas de leer me servirá de base para introducir brevemente lo que desarrollaré en profundidad en próximos capítulos:

× **Proceso:** Para mí es una de las ideas fundamentales del concepto. Tiene que ver con el hecho de que el *personal branding* es una suma de etapas, de actividades y de eventos que se realizan de forma determinada para la consecución de un objetivo concreto. Por lo tanto, la consistencia y el trabajar pensando a medio y largo plazo son esenciales para tener éxito en cualquier desarrollo de marca personal.

- **Diferenciación:** En un entorno realmente competitivo, con gran cantidad de profesionales muy bien preparados, diferenciarse resulta una estrategia imprescindible.

- **Propuesta de valor único:** Proviene del concepto anglosajón *Unique Selling Proposition*. Tiene que ver con decidir cuál va a ser tu apuesta, es decir, tu elemento de comunicación básico sobre el que va a girar tu propuesta de posicionamiento y tu estrategia de comunicación.

- **Mensaje e imagen:** Decidir qué vas a comunicar va a ser fundamental para gestionar tu marca personal. No solo debes decidir qué comunicas, sino a quién comunicas y cómo haces llegar tu mensaje a ese público objetivo.

- **Meta:** Como en tantas otras actividades, es esencial que identifiques tus objetivos, en definitiva, dejar muy claro qué quieres conseguir. Dicho de otro modo, pregúntate a qué diana apuntas.

- **Experto:** Uno de los objetivos clave de la acción de comunicación de la marca personal es ser percibido como experto en el área de conocimiento en la que te quieres especializar.

- **Reputación:** Tiene que ver con el prestigio, con la valoración que hacen los demás de tu competencia profesional y también de tu calidad humana.

- **Confianza:** Para tener éxito en la gestión de tu marca personal debes conseguir que tu público objetivo confíe en ti. El primer paso para ello es tener confianza en ti mismo. Las personas que tienen niveles altos de confianza suelen tener una marca personal potente y, como consecuencia, hacen aumentar la confianza del entorno hacia ellos. Visto desde otra perspectiva, las personas quieren vincularse a otras personas seguras de sí mismas porque les generan confianza.

El impacto en la mente de las personas

Como hemos visto al definir lo que es una marca, existe una acepción que se refiere a dejar huella en la mente de las personas. Esto significa que la marca personal no es únicamente el nombre, el apodo o cualquier otra mención; sino que también es la imagen, la percepción que se tiene de una determinada persona y el rastro que ha dejado en nuestra mente. En este contexto, hay que tener en cuenta que las percepciones son construcciones mentales personales, es decir, que son subjetivas y propias de cada uno.

Entonces, para dejar huella en las personas debemos buscar notoriedad, es decir, debemos hacer que nos recuerden. Dicho de otro modo, ¿cómo vamos a ir a un restaurante si no lo recordamos, si no ha quedado grabado en nuestra memoria? Lo mismo sucede con las marcas personales. ¿Cómo voy a contactar con un determinado profesional si no lo recuerdo, si no lo conozco y no lo encuentro?

La notoriedad sirve para destacar y el resultado de haberla gestionado correctamente es que se nos tenga en cuenta. En el mundo comercial es fundamental que las marcas sean consideradas como una opción por parte del consumidor. En la marca personal se quiere conseguir una oportunidad (establecer contacto, mostrar el *curriculum vitae*, conceder una entrevista, etc.).

El siguiente objetivo a alcanzar, tras ser tenido en cuenta, es ser la opción preferente porque se ha destacado del resto. Las claves para llegar a esa posición serán la estrategia y la comunicación. Si se ha trabajado bien, llega el premio, que consiste en ser el elegido para el objetivo que nos hemos marcado: conseguir el proyecto, firmar un contrato con un cliente importante, obtener el empleo de nuestros sueños, un ascenso, etc.

Cómo se desarrolla la marca personal

La marca personal no se construye en un día, sino que se forma a lo largo de la vida. Es fácil de entender, ¿eres igual que hace diez años? Y el ambiente donde te mueves, ¿es el mismo? El hecho es que nosotros vamos cambiando, y el entorno, además de cambiante, es competitivo. En este contexto, constantemente debemos estar emitiendo información, siempre debemos estar en la pista de baile o pegados a ella, moviéndonos al ritmo de la música y siendo fieles a nuestra personalidad.

Tampoco quiero transmitir la idea de que se deba incidir en la marca personal de forma agobiante durante todo el día, sino que se trata de cuidar los matices, hacer una tarea de mantenimiento y abordar nuevos proyectos cuando sea necesario, es decir, seguir siempre la música sin perder el ritmo. Por ejemplo, si aparecen tecnologías innovadoras que nos pueden ayudar en nuestra proyección, será necesario adoptarlas. En definitiva, es preciso tener claros los objetivos a largo plazo y validar la senda en el corto plazo. Por otra parte, es fundamental no caer en la tentación de realizar acciones poco apropiadas, aunque sea para conseguir beneficios a corto plazo, si estos movimientos perjudican tu imagen a medio y largo plazo.

El trabajo que debemos llevar a cabo para dejar huella en la mente de las personas se debe desarrollar a dos niveles, el racional y el emocional. Quizás en alguna ocasión habrás realizado un ejercicio, un examen, etc. con la misma ejecución que otro compañero y, en cambio, has recibido menos puntuación. ¿Qué ha pasado, por qué no has recibido la misma recompensa que la otra persona? Pues seguramente porque ese compañero ha sabido atrapar la emoción del evaluador. Es de gran importancia tener en cuenta los factores no racionales que influyen en las personas. Hay quien tiene un don, un algo especial, y otras personas que deben desarrollarlo. Puede ser simpatía, asertividad, seguridad, etc.

Como acabamos de ver, es fundamental conocernos bien para constatar en qué puntos somos buenos y en cuáles debemos mejorar. Este análisis se puede realizar en solitario, o bien, con la ayuda de algún profesional o persona cercana que te permita verte desde fuera. Lo fundamental, nuevamente, es entender que se trata de un trabajo personal y que nadie podrá hacerlo por ti. Tú eres la única persona que debe elegir tu futuro. Tu compromiso resulta imprescindible. Si no te comprometes totalmente contigo mismo y con tu marca personal, ¿quién lo va a hacer por ti?

¿Conoces a alguien que haya comprado su personalidad? Quizás en el mundo virtual sí y en alguna novela de ciencia ficción, también. En la realidad, la marca personal no se compra ni en la tienda de la esquina ni en ninguna. A diferencia de las marcas corporativas, en las marcas personales el crecimiento se consigue a través de uno mismo, de sus acciones y de las medidas que tome.

Tu marca personal te acompañará toda la vida. Siempre será tuya y no la podrás eliminar o cambiar con la facilidad que lo hacen las marcas comerciales. Por este motivo, resulta imprescindible que prestes la máxima atención a la gestión de tu marca, o como decía Tom Peters, a *la marca llamada tú*.

> Cada persona es única e irrepetible, igual que su marca, que es personal e intransferible. Cada uno es responsable de sí mismo y debe decidir cómo quiere vivir y cómo quiere que se le reconozca

Principales ventajas de una marca personal potente

Honorarios

El hecho de ser fácilmente reconocido aporta ventajas tan interesantes como obtener una mayor remuneración. Las personas menos reconocidas, lo que llamamos trabajadores de marca blanca o *commodities*, centran su estrategia competitiva básicamente en precios bajos. Ante productos indiferenciados, el factor habitual de decisión de los consumidores es el precio. En cambio, si el producto tiene algo especial, la gente está dispuesta a pagar más. Lo mismo sucede en el caso de las marcas personales.

Tiempo libre

Y puesto que los honorarios de las personas que han desarrollado una marca son más elevados que los de la media de su sector o profesión, pueden disfrutar de más tiempo para sus aficiones o para compartirlo con familiares y amigos.

Menores costes de comercialización

Por otra parte, el resultado de la diferenciación y la notoriedad hace que esas personas destaquen de tal manera que suelan tener menores costes en la búsqueda de objetivos (clientes, proyectos, etc.), pues les llegan muchas ofertas alineadas con sus preferencias. Dicho de otro modo, su esfuerzo principal recae en la selección y rechazo de ofertas, y no en su búsqueda. Esto se debe, en parte, a que tienen muchos seguidores fieles (o apóstoles) que les recomiendan. Este grupo de recomendadores está formado por clientes y compañeros. De hecho, son la mejor publicidad que existe.

Mayor productividad

La gran y amplia proyección pública de las personas que se han labrado un prestigio les permite gozar de una mayor productividad. Es el caso de profesionales liberales, que pueden contratar a otros profesionales para que trabajen bajo su marca. Es una práctica muy habitual en sectores tan diversos como la medicina, el derecho, la arquitectura, etc.

Felicidad

Y para acabar este repertorio de ventajas de la marca personal potente, pienso que la más importante es que las personas que la disfrutan son más felices. Para afirmarlo me apoyo en que se conocen bien a sí mismos, trabajan en aquello que les gusta y que aporta valor a la sociedad, y a su vez, les permite tener éxito, reconocimiento y un buen nivel de ingresos.

Mi método para gestionar tu marca personal

Me gusta resumir la gestión de marca personal con un gráfico que me mostró el profesor Lluís Martínez-Ribes en ESADE y que desde 2001 aplico como consultor de marca personal.

Los pilares de la marca personal

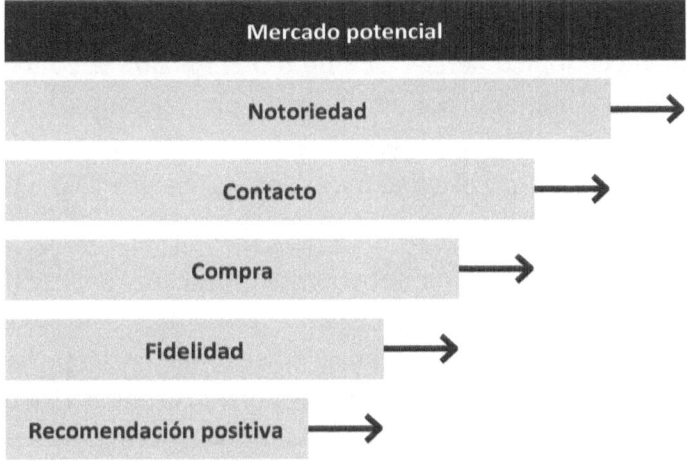

El objetivo fundamental de toda marca es tener un mercado potencial a quien dirigirse, es decir, un conjunto de personas a las que puedes ayudar satisfaciendo sus necesidades. Se trata de todas aquellas personas que, a priori, podrían comprar tu producto o servicio, o contratarte para algún proyecto. Para ello, debes conocerlas tanto como te sea posible, ya que eso te permitirá adaptarte a sus necesidades, te dará fluidez en la comunicación y, todo ello, revertirá en una respuesta positiva por su parte. En este contexto, debes averiguar quiénes son, cuántas son, cómo piensan, cómo se comportan, qué valoran…

Si ya conoces bien a tu mercado, el primer reto que debes gestionar es la notoriedad. Ser conocido resulta indispensable para que los clientes potenciales contacten contigo. Posiblemente solo una parte de tu mercado potencial te conoce. En consecuencia, tus clientes potenciales se reducen a aquellos que te conocen.

También es lógico pensar que no todos los que te conocen entrarán en contacto contigo, ya sea a nivel personal o en el mundo *online*. Por lo tanto, otro de tus retos consiste en difundir tus señas para que tus clientes potenciales puedan contactar fácilmente contigo.

Si seguimos con esta exploración del mercado, sabrás que solo una porción de los que te van a contactar te van a comprar. Así, el tercer reto a alcanzar es el aumento del porcentaje de personas que te contraten/compren respecto a los que han contactado contigo.

El siguiente desafío que tienes por delante consiste en fidelizar a tus clientes y que, de estos, los más fieles y entusiastas te recomienden a otras personas, que hablen bien de ti y que esta comunicación positiva haga que otras personas te contraten.

En definitiva, tu cometido como gestor de tu marca personal consiste en crecer, ser más notorio, contactar con un mayor número de clientes potenciales, vender más, conseguir más clientes fieles y que te recomienden positivamente a otras personas.

Visualiza tu futuro

¿Crees que construir tu marca es buena idea? ¿Qué te gustaría lograr con tu marca, más reconocimiento social, más dinero, ayudar a otras personas, ...? ¿Es un proyecto ilusionante? ¿Estos objetivos son suficientemente potentes como para darte la energía y levantarte cada día con optimismo? ¿Cuentas con apoyo? ¿De quién? ¿Crees que puedes lograr la marca que sueñas? ¿Por qué? Vale la pena que te detengas unos minutos a reflexionar sobre qué puedes conseguir y prepararte para ello. Toma nota y visualízate en un futuro, define cómo será vivir con la marca que sueñas. La visualización de objetivos es una técnica potentísima para alcanzarlos.

En los próximos capítulos te daré toda la formación para que puedas desarrollar tu marca paso a paso y lo ilustraré con ejemplos, consejos y pistas para que puedas empezar a trabajar aspectos concretos. La ruta a seguir consiste en la realización de un análisis de ti mismo y el estudio del mercado para que puedas decidir cómo definir tu marca. Y a partir de ahí, pasaré a las herramientas de comunicación y su implementación. En definitiva, voy a prepararte para que tu marca personal sea recordada, sea tenida en cuenta, se convierta en la opción preferente y, sobre todo, sea finalmente la opción elegida.

Parte II

Preparación de la marca personal

3. Autoanálisis: ¿quién eres?

> En la economía del conocimiento solo tienen éxito los que se conocen a sí mismos, sus puntos fuertes, sus valores y cómo conseguir sus mejores resultados
>
> **Peter Drucker,** gurú del *management*

Ya ha llegado el momento de diseñar tu marca personal. En primer lugar, tienes que ver con qué materia prima cuentas, es decir, vas a analizar cómo eres, vas a desgajar tu personalidad para comprenderla en distintas dimensiones y poder decidir, en la fase de estrategia, cómo la vas a encajar con tus propósitos.

Quizás resulte paradójico que tengas que autoanalizarte, cuando se supone que eres quien mejor te conoce, ¿verdad? Aristóteles decía: «Conocerte a ti mismo es el inicio de cualquier sabiduría». Y Tom Peters añadía: «¿Cuándo fue la última vez que te preguntaste lo que querías ser en la vida? Pues pregúntatelo otra vez. ¡Ahora!».

Nuestros sistemas educativos enseñan muchos conceptos y, en cambio, realizan poca pedagogía en cuanto al autoconocimiento y el autoanálisis.

¿Recientemente has pensado en ti y en cómo eres? ¿Crees que las cosas te pasan por casualidad o por ser como eres? Por mi experiencia en el trabajo de esta fase con clientes, alumnos o participantes en talleres de *personal branding*, me doy cuenta de que la mayoría de personas se conocen muy poco a sí mismas. Ello se debe a que no están acostumbradas a analizarse ni a realizar ejercicios de introspección. Por tanto, si tienes esa faceta descuidada, estás dentro de la normalidad. Así, a partir del momento en que te pongas el sombrero de explorador para observarte, como si fueras un sujeto desconocido, vas a sacar conclusiones de valor incalculable, que te permitirán avanzar en los siguientes pasos de la marca personal, y vas a obtener una gran ventaja sobre la mayoría de personas.

Para que esta exploración sea el máximo de provechosa, te sugiero que tomes una doble personalidad: 1) la de alguien que te ve desde el exterior y es ajeno a tus sentimientos, y 2) la de tus propias vivencias y emociones. Si solo utilizaras tus pensamientos personales, habría un sesgo importante en los resultados, porque tú mismo realizarías censuras o pequeñas trampas que iban a faltar a la verdad. Es por este motivo que necesitas la colaboración de tu otro yo, de alguien que te diga las verdades que a veces son difíciles de aceptar y que evite que te hagas *trampas al solitario*.

En este apartado voy a describirte algunos aspectos fundamentales para tu autoconocimento, y te aportaré algunas herramientas para que te sea fácil sacar conclusiones y avanzar cómodamente. Como si de un investigador se tratara, empezamos el trabajo de documentación, así que te invito a sacar papel y lápiz para tomar las primeras notas de tu perfil.

Las competencias

Como dice su mismo nombre, las competencias son aquellas aptitudes que ya tienes. Concretamente son los conocimientos, habilidades, actitudes y valores que te ayudan a desarrollar diferentes actividades. Veámoslas en detalle.

Los conocimientos son aquellas nociones teóricas que has adquirido a través de la enseñanza y del estudio. Repasa lo que has aprendido, lo que sabes gracias a títulos universitarios, posgrados y cursos de cualquier índole, idiomas, y también lo que has aprendido de forma no reglada: porque alguien te lo ha enseñado, porque lo has leído o estudiado por tu cuenta, etc.

Las habilidades son las capacidades y la disposición que tienes para hacer algo, es decir, tus destrezas y talento. Algunas son innatas y otras las has adquirido a través de la práctica intensiva.

A todos se nos dan muy bien algún tipo de actividades. Conocer tus talentos innatos, aquellas actividades para las que estás especialmente dotado, resulta fundamental para gestionar tu marca personal. Así que te recomiendo que dediques tiempo a conocerlos. Muchos de ellos ya se manifiestan a temprana edad. Habla con tus padres, con los que han sido tus profesores y trata de descifrar en qué ámbitos aprendías con facilidad y conseguías resultados superiores a tus compañeros.

Las actitudes son las respuestas que manifiestas sobre algo, son tu forma de actuar, tu comportamiento cuando haces algo. Para que se active la actitud es necesario tener alguna percepción y creencia sobre ello, y que genere un sentimiento, a favor o en contra. ¿Cuál es tu actitud cuando alguien te critica? ¿Y cuando te muestra agradecimiento? Reflexiona sobre cómo has reaccionado y qué has sentido, así podrás observar cuál ha sido tu actitud ante las preguntas que te he formulado.

Los valores son principios o creencias fundamentales que te ayudan a preferir, apreciar y elegir unas cosas en lugar de otras, o a tener un comportamiento determinado y no otro. Te proporcionan una pauta para formular metas y propósitos, personales o colectivos. Reflejan tus intereses, sentimientos y convicciones más importantes y se han forjado a lo largo de tu vida. Son la columna vertebral de tu personalidad y los tienes tan integrados en ti que no reparas en ellos. Es importante conocer cuáles son, porque te van a dar valiosas pistas sobre tu comportamiento y posibles reacciones. Ejemplos de valores son la perseverancia, el esfuerzo, la amistad, el poder, la sinceridad, la familia, el emprendimiento, etc.

¿Te brindarías a participar en un proyecto relacionado con la energía nuclear si eres un activista a favor de la economía verde? Tus valores a favor de la ecología y la sostenibilidad son tan antagónicos a la energía nuclear, que sería imposible pensar ni un solo segundo en ese proyecto.

Con el fin de profundizar en tus competencias, te sugiero que busques en internet algún test (gratuito o de pago) y lo completes. Con estos cuestionarios podrás recabar información sobre cómo te defiendes en el trabajo en equipo, la orientación al servicio y al cliente, la iniciativa y la confianza en ti mismo, etc.

La motivación

La motivación es otro de los elementos fundamentales que te permitirá mapear tu personalidad. La motivación es una energía interna que nos impulsa. Contiene aspectos biológicos (todos nacemos diferentes y consecuentemente nos motivan cosas diferentes) y aspectos culturales (nuestro entorno ejerce una gran influencia en nuestras motivaciones). La motivación actúa como motor para llevarte hacia aquello que deseas. Así que si desconoces lo que te da energía, difícilmente podrás definir un objetivo creíble para avanzar hacia él.

Cada persona tiene sus propias motivaciones. Voy a describir algunos perfiles como ejemplo, siguiendo una clasificación de motivos y contramotivos propuesta por la consultora española Beatriz Valderrama. Comprueba si encajas en alguno de estos perfiles e inspírate para ampliar la lista.

Motivos y contramotivos

Afiliación	Autonomía
Poder	Cooperación
Hedonismo	Logro
Seguridad	Exploración
Conservación	Contribución

- **Afiliación:** las personas con motivación afiliativa son aquellas que intentan gustar y ser queridas y aceptadas por los demás. Hacen grandes esfuerzos para establecer y mantener relaciones. Los valores a los que dan más importancia son la armonía, la amistad y el afecto.

- **Autonomía:** los independientes tienen tendencia al inconformismo y a la autosuficiencia. Les gusta explorar nuevos caminos y no temen al fracaso. Pueden tener cierta tendencia a la excentricidad y a la extravagancia. Apuestan por seguir su propio criterio.

x **Poder:** las personas motivadas por el poder intentan dominar y controlar el comportamiento de los demás. Necesitan tener impacto, control e influencia sobre otras personas. Buscan popularidad, admiración y prestigio, además de estatus y posición. Aspiran a posiciones de responsabilidad y liderazgo en grupos y organizaciones, y escogen profesiones que les permitan influir en los demás.

x **Cooperación:** los cooperativos tienen aversión al poder, a la desigualdad, a la competitividad y a las injusticias. Son felices construyendo con otras personas y en relación de igualdad. Los valores que les inspiran son la visión común de un resultado, la colaboración, el espíritu de comunidad, etc.

x **Hedonismo:** las personas hedonistas son aquellas a las que les motiva el disfrute de placeres sencillos. Su motor vital es la búsqueda del placer. Son personas con poca capacidad de sacrificio y tienen aversión al esfuerzo sin recompensa, al sobreesfuerzo, al estrés, etc.

x **Logro:** los orientados al logro son aquellas personas que disfrutan con el esfuerzo, con la lucha contra las adversidades. Les encanta plantearse objetivos y retos complicados y batallar para conseguirlos. Tienen aversión al fracaso y cuando consiguen un reto ambicioso sienten orgullo y aumentan su autoestima.

x **Seguridad:** las personas que buscan seguridad son contrarias a la aventura. Apuestan por situaciones que entrañan poco riesgo y que pueden mantener bajo control. También se esfuerzan en prevenir errores. Suelen tener los objetivos claros y dan seguridad a sus equipos. También suelen ser personas más adaptativas en su vida laboral y profesional.

x **Exploración:** los exploradores desean aprender continuamente, mostrarse creativos y desarrollarse personalmente. Sus valores fundamentales son la autorrealización, el desarrollo personal y la innovación. Necesitan variedad y estímulo intelectual. Tienen aversión a la rutina y a la falta de variedad.

x **Conservación:** los conservadores son personas codiciosas y pragmáticas. Están motivados por la consecución y acumulación de dinero y bienes materiales. Suelen ser egoístas y buscan su propio interés y comodidad. Tienen aversión a las pérdidas materiales y un instinto de protección muy destacado.

x **Contribución:** las personas con motivaciones solidarias se mueven para ayudar a los demás. Desean sentirse útiles y tener un impacto positivo en la vida de los demás. Sienten pena y tristeza ante las injusticias y se comportan altruistamente.

La pasión

La pasión tiene puntos en común con la motivación, puesto que cuando alguien está apasionado, está altamente motivado. La pasión permite que se realicen las tareas con gran energía y devoción, parece que el tiempo se detenga y florece la creatividad. Una forma de confirmar si algo concreto te apasiona consiste en comprobar si lo harías sin obtener remuneración.

Piensa en aquellas actividades que se te den bien y que las realices con ilusión y sin esfuerzo. Seguro que algunas de ellas forman parte de tus pasiones. Anota cuáles son.

La experiencia

La experiencia es de gran valor porque representa otro de los activos que te hacen diferente. Es imprescindible que tomes nota de todos tus éxitos y de todos tus fracasos, tanto a nivel personal como profesional. Todas las experiencias suman y te pueden dar información sobre los aspectos que hemos visto hasta ahora. Por ejemplo, te informan sobre tus habilidades, las actitudes que has tomado, lo que te ha motivado, lo que te divierte, etc. Tómate un tiempo para apuntar esas experiencias, pues son un diamante en bruto que, después de pulirlo un poco, te va a dar muchas pistas sobre tu personalidad. Aunque lo sabes todo, es necesario ordenarlo para sacar provecho de ello.

El talento

Desde mi punto de vista, el talento es el más difuso y subjetivo de todos los elementos que componen la estructura de marca personal. Es la capacidad de hacer cosas obteniendo resultados extraordinarios. Todos tenemos talentos diferentes. La clave está en descubrir en qué estás especialmente dotado, qué calidades naturales te diferencian de los demás. Piensa en tu vida, en aquellos temas, en aquellas disciplinas que se te han dado especialmente bien, en los que has notado que tenías facilidad y un desempeño superior al de tus compañeros.

Pregúntate cuándo descubriste que eras bueno, analiza en qué te basas para pensar que tienes talento en ese ámbito. Seguramente conoces algunas de tus aptitudes desde hace tiempo. Posiblemente cuentes con otras aptitudes, con otros talentos naturales que no has desarrollado o no has percibido que tienes.

Te recomiendo que realices un test de aptitudes. Uno de los mejores es el *General Aptitude Test Battery*, conocido como GATB. La finalidad de este cuestionario es medir tus aptitudes en nueve áreas: capacidad general de aprendizaje, aptitud verbal, aptitud numérica, aptitud espacial, percepción de formas, percepción de detalles en textos y cuentas, coordinación motora, destreza con los dedos y destreza manual.

Herramientas de autoconocimiento

A lo largo de las últimas páginas has tenido la ocasión de reflexionar y reconocer algunas de tus características personales. Seguidamente, voy a ahondar algo más en ello a través de unos ejercicios.

La ventana de Johari

Es fundamental tener conocimiento sobre lo que los demás piensan de ti, puesto que sus impresiones son informaciones que circulan sin tu mediación, y que, por tanto, pueden favorecerte o perjudicarte. Si la marca personal es aquello que transmitimos a los otros, la ventana de Johari es un ejercicio indispensable para comprobar si das a entender aquello que deseas. A partir de su resultado comprobarás si es preciso que pongas en marcha procesos de mejora y cambio.

Formalmente, la ventana de Johari es una matriz que combina dos ejes —lo conocido o desconocido por uno mismo y lo conocido o desconocido por otros— con el objetivo de explorar el proceso de comunicación y la dinámica de las relaciones personales.

	Conocido por uno mismo	Desconocido por uno mismo
Conocido por otros	1 Zona abierta	2 Zona ciega
Desconocido por otros	3 Zona oculta	4 Zona desconocida

Como se observa en la figura, la articulación de los dos ejes da lugar a cuatro zonas:

1 Abierta: es la zona conocida por uno mismo y por los demás. También se conoce como área libre o área pública. Refleja lo que sabes de ti mismo y es compartido con los demás. Se trata de tu imagen pública.

2 Ciega: es la zona desconocida por uno mismo y conocida por los demás. Es la información que los demás tienen

sobre ti, basada en tu comportamiento y que tú desconoces. A partir de la información que te ofrezcan tendrás una idea más precisa sobre cómo te ven.

3 Oculta: es la zona conocida por uno mismo y desconocida por los demás. También suele llamarse zona secreta. Se trata de aquellos aspectos que conoces sobre ti mismo y que no deseas compartir con los demás.

4 Desconocida: Es la zona que no conoces ni tú, ni los demás.

Al tratarse de un ejercicio de análisis de percepciones propias y ajenas, es necesario que te ayuden personas que te conocen. Cada persona escribe de forma anónima lo que piensa de ti. Seguidamente se recopilan los datos y se sitúa cada atributo en el cuadro correspondiente. La ventana de Johari es una herramienta muy útil para entender tu relación con los demás.

Para profundizar todavía más en tu personalidad y en cómo te desenvuelves en las relaciones interpersonales, te sugiero que realices un test DISC, (acrónimo de Dominancia, Influencia, Estabilidad y Cumplimiento). Este test permite obtener información de las tendencias generales de las personas. Los datos dan luz a aspectos como el liderazgo, la actuación bajo presión, tareas de preferencia, capacidad de persuasión, adhesión a las normas, relación con los equipos de trabajo, etc. En internet hay copias de este test o lo puedes solicitar a un consultor especializado, que te ayudará a descifrar los resultados con más precisión.

Los tres círculos del autoconocimiento

Los tres círculos del autoconocimiento son otra herramienta de rápida ejecución y que es muy útil para sacar conclusiones sobre tu actividad y responder a las siguientes cuestiones: ¿Existe mercado para tu motivación y tu talento? ¿Alguien está dispuesto a pagar para que realices la actividad que te apasiona y que se te da bien?

Profesionalmente, de nada sirve el talento y la motivación si no cuentan con un mercado que los necesite. Para desarrollar la marca personal es imprescindible que te ubiques en la intersección de los tres círculos.

Círculos del autoconocimiento

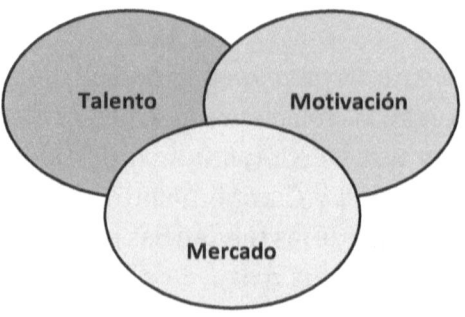

Talento y motivación: Si te mueves en el talento y la motivación, es posible que quedes fuera del mercado. Normalmente estos dos círculos se corresponden con aficiones, pasatiempos, etc. Son actividades que se te dan bien, que te motivan, te apasionan y que carecen de mercado. Es muy difícil que alguien esté dispuesto a pagar por este talento y esta motivación, aunque no imposible —hay personas que han convertido su *hobbie* en su modus vivendi, puesto que han pasado de simples aficionados a dar servicio a otros aficionados—.

Talento y mercado: La unión de los círculos del talento y el mercado lleva al aburrimiento o tedio. Tienes las competencias para realizar la actividad y existe mercado, gente que está dispuesta a pagarte por ello. Sin embargo, estas actividades no te motivan, no te apasionan, no te atraen. Lamentablemente, me atrevería a decir que muchos profesionales se encuentran en esta situación. Son competentes en algunas tareas, cobran por ello y viven en la desmotivación.

Motivación y mercado: Si estás falto de talento pero tienes motivación y mercado, seguramente tenderás al fracaso o a un discreto éxito. Existen algunas excepciones que, con muchísimo trabajo y dedicación, pueden compensar este pobre talento y conseguir unos niveles aceptables de competencia, lo que permite a la persona tener cierto éxito.

Talento, motivación y mercado: Son el gran objetivo a conseguir en la gestión de tu marca personal. Las personas que son capaces de encontrar este punto tienen éxito, pues se dedican a aquellas actividades que se les dan bien, tienen un mercado dispuesto a pagar por ellas, y son muy felices porque se dedican a aquello que les apasiona.

Una de las personas a las que ayudé a encontrar su camino con los círculos del autoconocimiento es Michal Novak. Michal nació en la República Checa en 1975. Cursó estudios universitarios de música y al graduarse empezó su carrera profesional como tenor en diferentes coros. Desde pequeño estaba fascinado con todo lo relacionado con la fotografía. Le encantaba realizar fotos a cualquier cosa: un paisaje, un animal, un monumento, personas... Le apasionaba la fotografía, era su gran *hobbie*. Le dedicaba muchísimas horas, invertía buena parte de sus ahorros en comprar máquinas fotográficas y equipos complementarios. En muchas ocasiones, estaba tan concentrado tomando fotos y retocándolas en su ordenador que se pasaba toda la noche trabajando.

Llegó el día en que se dio cuenta de que tenía mucho talento para la fotografía, porque había dedicado tantas y tantas horas a su pasión, que tenía un altísimo nivel competencial. Tomó consciencia de que la fotografía le encantaba, y que mientras hacía fotos o las retocaba, el tiempo volaba y disfrutaba muchísimo. Entonces decidió analizar el mercado y pensó que podía encontrar su hueco en el mercado de los fotógrafos profesionales. Abandonó un empleo seguro como cantante en Madrid y se dedicó en cuerpo y alma a la fotografía, especialmente centrada en el ámbito de la música y la publicidad. Como el propio Michal reconoce, «descubrir tu talento está muy bien, aunque si no lo acompañas con muchísimas horas de trabajo y dedicación, sirve de poco».

Hoy, 12 años más tarde, Michal es realmente feliz, ama su trabajo y se gana bien la vida. Y además, se ha convertido en uno de los grandes referentes en la fotografía de música clásica.

Para terminar este capítulo dedicado al autoconocimiento me gustaría compartir contigo una cita del psicólogo norteamericano Abraham Maslow: **No es normal conocer aquello que queremos. Es un logro psicológico poco común y difícil de conseguir.**

Ánimo si no conoces exactamente qué quieres conseguir, persevera y te aseguro que lo lograrás.

4. Diseña tu estrategia: ¿dónde estás y dónde quieres estar?

> No hay viento favorable para quien no sabe a qué puerto se dirige
>
> **Séneca**

Después de trabajar en la fase inicial de autoconocimiento es necesario conocer qué quieres ser. Para ello, pondremos sobre la mesa tus anhelos, tu personalidad y el mercado en el que estás. En este capítulo continuaré el camino hacia la definición de tu marca personal, contrastando aquello que quieres ser racionalmente, con aquello que quieres realmente. Y todo ello lo ubicarás en el mapa del mercado, gracias al uso de distintas herramientas de análisis.

Qué es la estrategia

La estrategia es, de forma simple, qué harás para conseguir tus objetivos, qué caminos seguirás para llegar a tu meta. La estrategia se crea a partir de un conjunto de acciones que, ordenadas en el espacio y en el tiempo, junto a unos recursos, se alinean con el fin de conseguir unos hitos marcados de antemano. La estrategia tiene distintas acepciones:

x Medio para establecer los propósitos de la organización en referencia a sus objetivos a largo plazo, sus programas de acción y sus prioridades en la asignación de recursos.

✘ Definición del ámbito competitivo de la organización.

✘ Intento de conseguir una ventaja sostenible a largo plazo mediante la adecuada respuesta a las oportunidades y amenazas del entorno, y las fortalezas y debilidades de la organización.

✘ Patrón de decisiones coherente, unificador e integrador.

✘ Definición de la naturaleza de las contribuciones económicas y no económicas que se proponen para la organización.

✘ Camino para impulsar la organización hacia la consecución de sus objetivos.

✘ Medio para desarrollar las competencias esenciales de la organización.

Qué quiero ser: elementos básicos de la estrategia de marca personal

La reflexión sobre tus competencias, motivaciones y creencias va a ser muy útil para definir qué quieres ser y, posteriormente, trazar una estrategia para comunicarlo con tu marca personal.

En esencia, si fueras una empresa deberías responder a la pregunta ¿cuál es mi negocio? Aunque parezca una cuestión simple, es de gran profundidad. Existen ejemplos de grandes empresas líderes de su mercado que han languidecido o desaparecido por perder de vista esta pregunta. Un caso paradigmático es el de la empresa de productos fotográficos Kodak, que se resistió a asumir los cambios de la sociedad y casi le costó la existencia. A pesar de que conocía la fotografía digital, evitó desarrollar el invento para continuar como líder en la fabricación de productos para fotografía analógica (película, papel fotográfico, químicos, etc.). Olvidó que su negocio era la imagen, en un sentido amplio, y no la fabricación de productos químicos, que desaparecieron del mercado por la irrupción de la tecnología digital.

De hecho, los avances tecnológicos han dejado atrás muchas empresas, oficios y sectores, así que es de vital importancia tener una visión amplia cuando reflexionamos sobre quién somos y cuál es el contexto en el que nos queremos mover.

La misión, la visión, los valores y los objetivos son los elementos personales básicos que te permitirán definir tu marca. Veámoslos.

Misión

La misión es el propósito general o razón de ser de tu marca, es la definición de aquello que haces, cuál es tu portafolio de productos y servicios, qué necesidades satisfaces, a qué segmento de mercado te diriges y de qué forma lo realizarás. La misión está centrada en el presente, debe motivarte y ser fácil de compartir con tu entorno (colaboradores, clientes, etc.). Asimismo, debe ser diferenciadora y condicionará notablemente tus actividades presentes y futuras. Es la herramienta con la que concretas tu visión. En las clases que imparto suelo decir que la misión es la respuesta a las preguntas ¿qué *hago*? y ¿a quié*n me dirijo*?

La misión juega un papel fundamental en la definición de las metas que te propones conseguir. La declaración de la misión es una pieza básica en tu estrategia de marca personal.

Un diseñador gráfico podría definir así su misión:

> Carmen García Diseñadora Gráfica es un estudio de diseño ubicado en Sevilla, dedicado a la creación de proyectos de *branding* y publicitarios analógicos y digitales para empresas y profesionales. Cada uno de nuestros trabajos está hecho a medida. Colaboramos codo con codo con nuestros clientes, con el fin de obtener un resultado único y de la más alta calidad.
>
> Creamos tu imagen corporativa, logotipo, tarjetas de visita, catálogos, interfaces de usuario y página web (nos encargamos de programarla y lanzarla a la red). Además, estamos receptivos a otros materiales que sean necesarios para el desarrollo de tu comunicación.

Trata de escribir tu misión. Empieza poniendo en un papel o en una pizarra a quién te diriges, qué necesidades satisfaces y qué ofreces. Una vez tengas la información, lánzate a la redacción. Haz distintas versiones hasta que te sientas cómodo con el resultado. Compártelo con alguien de confianza para que te explique la misión como si fueras un posible cliente. Finalmente, revisa la redacción por si hay aspectos a mejorar.

Visión

La visión tiene que ver con imaginar el futuro y debe responder a preguntas como ¿qué quieres conseguir a largo plazo? ¿Cuáles son tus sueños? ¿Qué es lo que realmente te importa? Está muy ligada a tus valores y te proporciona orientación.

La visión es básicamente un deseo, un sueño, grandes ideales. Debe ser una idea que puedas compartir fácilmente con otras personas, puesto que la comunicarás con tu marca.

Un arquitecto podría formular así su visión:

> En el Estudio de Arquitectura Joaquín González anhelamos la creación de espacios arquitectónicos de dimensión humana, envolventes y de atmósfera cálida, que ayuden a las personas a sentirse cómodas y positivas, y protagonistas de unas estructuras únicas, innovadoras y creadas con materiales sostenibles.

Anímate a soñar con tu visión. Sé creativo y evita frenarte ante ideas o conceptos locos. Anótalo todo hasta que creas que ya te estás repitiendo. Revísalo y redacta tu visión.

Valores

Son tus creencias, tus principios, tus compromisos... es decir, tus pilares básicos. Son la esencia en la que se fundamentan tus decisiones. Los valores se definen como aquellas convicciones profundas de los seres humanos, que determinan su manera de ser y orientan su conducta. Los valores involucran tus sentimientos y emociones. Además, valores, actitudes y conducta están relacionados. Los valores son creencias o convicciones de que algo es preferible y digno de aprecio. Una actitud es una disposición a actuar de acuerdo a determinadas creencias, sentimientos y valores. A su vez, las actitudes se expresan en comportamientos y opiniones que se manifiestan de manera espontánea.

Reflexiona en los valores que tienes en el ámbito profesional. Por ejemplo, puntualidad, trabajo bien hecho, etc. Muchos de estos valores pueden coincidir con los personales.

Objetivos

Aunque todavía no hemos analizado el mercado, vale la pena empezar a pensar en los objetivos que quieres alcanzar. A pesar de que parezca paradójico, en mi práctica profesional he comprobado que en aspectos tan esenciales como la gestión de la marca personal, la mayoría de personas no tienen objetivos.

Para comprender la necesidad de la elección de objetivos, existe una frase muy gráfica: *Si no sabes dónde vas, ¿cómo sabrás si has llegado?*

Debes tener siempre los objetivos en mente, puesto que van a ser tu guía: te ayudarán a mejorar, te servirán de motivación, serán útiles para fijar el rumbo y reforzarán tu identidad. La fijación de objetivos no es más que convertir tus sueños, tus visiones y tus ideales en hitos medibles y perfectamente definidos en un calendario.

Puesto que la fijación de objetivos puede ser dificultosa, hay una sencilla pauta que te ayudará a empezar. Es la regla SMART (acrónimo de *Specific, Measurable, Attainable, Realistic* y *Timely*). Veámosla en detalle:

- S (*Specific*): Específico. Los objetivos deben ser lo más concretos posibles.

- M (*Measurable*): Medible. Lo que no se puede medir, no mejora, y lo que no mejora, suele empeorar. Debes fijarte objetivos que sean medibles y que puedan ser controlados cuantitativamente.

- A (*Attainable*): Alcanzable. Los objetivos tienen que ser asequibles. Pero a su vez deben significar un reto, deben ser ambiciosos y posibles de conseguir. Debes forzarte en mejorar y dar lo mejor de ti para conseguir los objetivos. También es recomendable que puedas replantearte los objetivos si hay cambios sustanciales en el entorno.

× R (*Realistic*): Realista. Los objetivos deben estar en consonancia con tu experiencia, con tus conocimientos y con los recursos de que dispones. De nada sirve plantearte objetivos irreales, ya que te frustrarán.

× T (*Timely*): Tiempo. Es decir, tienes que concretar en qué espacio de tiempo vas a conseguir estos objetivos. Un objetivo sin una fecha no es más que una declaración de intenciones y buena voluntad.

A continuación te presento otros aspectos prácticos a tener en cuenta en la creación y desarrollo de los objetivos:

× Di NO a las cosas que te alejan de tus objetivos.

× Comparte tus objetivos con los demás, especialmente con tus más directos colaboradores y con tus amigos y familiares más cercanos. Hacerles partícipes de tus propósitos; esto refuerza tu compromiso y además te ayuda a pulirlos, a tener que explicarlos, a razonarlos, etc.

× Céntrate en las soluciones, en lugar de en los problemas.

× Evita las excusas. En la medida que dejes de utilizar excusas y te responsabilices de tus decisiones, de tus éxitos y de tus fracasos, será más fácil fijar metas y más probabilidades tendrás de cumplirlas.

× Visualiza el éxito. El ejercicio de imaginar la consecución de tus aspiraciones aumenta la motivación y la energía.

- Elige metas que te permitan aumentar tus fortalezas.
- Fija un número razonable de objetivos. La mejor forma de no conseguir ningún objetivo es querer conseguir muchos a la vez.
- Utiliza la creatividad en la consecución de tus propósitos.
- Evita cambiar de objetivos a las primeras de cambio.
- Finalmente, confía en tu intuición.

Para comprender la fijación de objetivos, imagina que eres un conferenciante y que quieres darte a conocer en tu ciudad. Podrías formular así tu deseo: «Dentro de seis meses voy a realizar una conferencia, y llenaré el auditorio más importante de la ciudad. Además, deleitaré al público con una presentación sorprendente, innovadora e impactante, con el fin de que todos los asistentes me recuerden como referente de mi especialidad». Como puedes observar, es un objetivo formulado en positivo, con un verbo de acción, claramente medible, ubicado en el tiempo, concreto y que busca un resultado en el público. Cuanto más precisa sea la formulación, más fácil será orientarte hacia la meta.

¿Te animas a practicar y formular diez objetivos para escoger, al final, uno de ellos? Cuanto más practiques, más fácil te será formularlos y seleccionar aquellos que realmente encajen fielmente con tus emociones, tus necesidades, tus capacidades y las posibilidades del mercado. En tu lista de objetivos seguro que te darás cuenta de lo que tú quieres, de lo que quiere tu entorno (familiares, amigos, etc.), de lo que necesita el mercado, de las tendencias del momento, etc. A partir de tu lista puedes cruzar datos para generar nuevas formulaciones. Atrévete a jugar tanto como quieras para crear enunciados que quizás sean sorprendentes y poco evidentes. Puede significar una gran manera de llegar a objetivos exclusivos y atractivos.

La ventaja competitiva

Muy ligado al concepto de estrategia se encuentra el concepto de ventaja competitiva. Podemos decir que alguien tiene una ventaja competitiva cuando tiene alguna característica diferencial sobre sus competidores que le permite conseguir unos rendimientos superiores de forma sostenible en el tiempo.

En este sentido, los aspectos más destacados del concepto de ventaja competitiva son:

- **Diferenciación.** Resulta fundamental diferenciarse, hacer cosas de forma diferente ya sea a nivel de producto, de servicio, de estrategia de comercialización... Es más importante ser diferente incluso, que ser el mejor o el primero. Analizaré la estrategia de diferenciación más adelante, en este mismo capítulo.

- **Competencia.** También resulta muy importante que analices y conozcas bien a tus competidores, que descubras cómo son valorados por el mercado, qué aspectos realizan mejor que tú, en qué aspectos eres mejor, cómo puedes satisfacer las necesidades de los clientes de forma más eficiente que ellos...

- **Rentabilidad.** El objetivo principal del concepto de ventaja competitiva tiene que ser el de asegurar la rentabilidad de la empresa.

x **Largo plazo.** Una ventaja competitiva debe ser duradera en el tiempo, no debe ser fácilmente copiada e implantada por los competidores.

Además, la ventaja competitiva debe ser:

x **Única.** Es una de los aspectos más importantes de la ventaja competitiva. Debe ser exclusiva, que no la puedan tener las demás empresas o personas.

x **Posible de mantener.** Pese a que es francamente difícil que una ventaja competitiva dure mucho tiempo, este punto significa que debe tener cierta duración. En definitiva, que no pueda ser rápidamente copiada o imitada y que, de esta forma, la ventaja competitiva se prolongue durante un tiempo y así permita conseguir buenos beneficios.

x **Claramente superior a la competencia.** La ventaja competitiva debe ser clara y rotunda. Para destacar sobre los competidores debe representar un salto cuantitativo respecto a las características de la competencia.

x **Aplicable a variadas situaciones de mercado.** Quizás este es uno de los requisitos más difíciles de cumplir. Una buena ventaja competitiva debe ser válida y útil en diferentes situaciones de mercado, incluso en mercados diferentes o en ciclos económicos diferentes.

Estrategias competitivas

Después de aproximarte a qué es aquello que quieres y cómo definirlo, es necesario dar un paso más y conocer qué es aquello que te hace distinto a los demás y que representa una ventaja. En otras palabras, vas a ver cómo modelar tu ventaja competitiva. Michael Porter, uno de los grandes expertos mundiales de *marketing*, argumenta que solo hay tres estrategias competitivas posibles: liderazgo en costes, diferenciación y especialización. En la marca personal me voy a centrar en la diferenciación y en la especialización.

Para destacar y dejar huella en la mente de las personas, debes ser diferente. Para conseguirlo, es necesario que conozcas bien tu entorno —quién es y cómo es tu competencia— y busques tu permanencia en el mercado, es decir, debes crear un perfil que sea rentable y difícil de copiar.

Por otra parte, la especialización es el otro elemento básico para destacar y sacar ventaja. Esta estrategia consiste en conocer muy bien un mercado determinado, con el fin de satisfacer sus necesidades. Como cliente, ¿te gusta que te comprendan, que te traten bien y que te sorprendan con cosas agradables? ¿Cómo eliges los productos: por la relación que tienes con ellos (porque te emocionan) o por sus prestaciones (por sus características racionales)? Seguramente, cuando busques un producto especializado, en primer lugar buscarás una marca especializada y, en segundo lugar, escogerás según otros aspectos como el trato, la vinculación emocional, etc.

La diferenciación

Para empezar con la diferenciación y situarte, he seleccionado cuatro frases de personajes destacados:

> *Si no eres capaz de diferenciarte por alguna razón, serás substituido por cualquier razón*
> (Ronnie Apketer, empresario sudafricano)

> *Se ríen de mí porque soy diferente. Yo me río de ellos porque son todos iguales*
> (Kurt Cobain, cantante del grupo musical Nirvana)

> *Si no eres diferente, no compitas*
> (Jack Welch, directivo norteamericano)

> *Si eres uno más, serás uno menos*
> (Andrés Pérez Ortega, experto en marca personal)

Estas frases son muy elocuentes para dar a entender que la diferenciación es una necesidad. Si no destacas por algo, ¿cómo te van a elegir? La diferenciación resulta imprescindible para gestionar con éxito tu marca personal. Es posible que en el mercado donde te mueves haya mucha competencia, con gran cantidad de profesionales muy sólidos y sobradamente preparados.

Los cuatro pilares de la diferenciación

Según los expertos norteamericanos Jack Trout y Steve Rivkin, existen cuatro pilares sobre los que se sustenta la diferenciación:

1 **La idea diferenciadora.** Es necesario que selecciones aquella idea o aquel atributo que te separa de tus compe-

tidores. Toma nota de aquello que crees que te diferencia de otros y mira lo que los otros se diferencian de ti o entre ellos. ¿Hay solapamientos? ¿Todas las ideas son distintas? Guarda tus notas, hablaré de ello en el apartado dedicado al mapa de posicionamiento.

2 **Argumentación de la diferencia.** Es importante escribir lo que te hace diferente de los otros. ¿Por qué eres distinto? ¿Por qué los otros son distintos de ti? ¿Qué ventaja tienes para tu público? Ponte en lugar de tus posibles clientes y analiza las ventajas e inconvenientes de tu propuesta. Cuando lo tengas listo, compártelo con alguien cercano a ti y que pueda ser un potencial cliente. Escucha bien lo que te dice, sin juzgar o defenderte, necesitas recabar información para ajustar tu propuesta a sus necesidades. Pregúntale y trata de aclarar aquellas dudas que te surjan. Mejora tu definición y vuélvela a validar hasta que te feliciten sinceramente por la propuesta.

3 **Comunicación de la diferencia.** Es de vital importancia comunicar tu diferencia. De nada sirve que seas diferente y que tengas unos buenos argumentos para demostrarlo, si no eres percibido como realmente diferente por parte de tu público objetivo. Como veremos más adelante, deberás preparar un plan de comunicación que te permita conseguir este objetivo.

4 **Congruencia con el contexto.** Es necesario que los argumentos y los mensajes que quieras comunicar sobre ti tengan sentido en el contexto de la categoría o el segmento al que te diriges. Debes buscar un lenguaje ade-

cuado, unos referentes cercanos al público, una estética afín, etc.

Por ejemplo, si eres un odontólogo especializado en un público infantil, tu consulta debe estar preparada con mesas y sillas para niños, los folletos pueden ser coloristas, las explicaciones deben ser adecuadas para el público adulto (es quien compra el servicio), etc.

Cómo lograr diferenciarte

La diferenciación se consigue con la unión de distintos aspectos, que aunque son obvios no todo el mundo aplica, y una implementación excelente de los mismos.

× **Simplicidad.** Para empezar, sería importante interiorizar la famosa frase del arquitecto y diseñador industrial alemán Ludwig Mies van der Rohe «Menos es más». La simplicidad es esencial, puesto que la gran batalla de la idea diferenciadora se produce en la mente de las personas.

Nuestras mentes son limitadas, odian la confusión, son inseguras, se resisten al cambio si un concepto ya está asentado en ellas, tienden a imitar las acciones de los demás y pueden perder el enfoque. Lamentablemente, en la actualidad están bombardeadas con una gran cantidad de información. En este contexto, Jack Trout y Steve Rivkin aseguran que la mejor manera de llegar a una mente que tiene aversión a la complicación y a la confusión es ser simple, incluso (si es necesario), sobresimplificando el mensaje.

Es preciso que te enfoques en una idea con un gran potencial diferenciador y que la lleves de la forma más directa posible a la mente de los clientes. Utiliza palabras simples y se muy estricto y lógico en la forma de expresarlas.

x **Vanguardia.** Otro atributo altamente diferenciador es ser el pionero en algo. Solemos pensar que los primeros son los originales y el resto son imitadores. Por otra parte, ser el precursor se traduce en tener más conocimientos y experiencia. Los estudios demuestran que ser primero proporciona una sustancial ventaja en cuota de mercado sobre los competidores posteriores, y también obliga a estos últimos a encontrar su propia estrategia distintiva de posicionamiento. Los que no encuentran un camino diferente, pocas veces sobreviven.

Ser pionero tiene sus retos, pues si el producto es muy innovador, se debe hacer un esfuerzo extra de comunicación que puede ser realmente desgastador. Es necesario que el primero siempre proteja bien su posición, pues los seguidores pueden copiar y avanzar. Es por este motivo que periódicamente debes revisar tu diferencia, para comprobar que todavía es vigente.

x **Atributo.** Otro elemento muy útil para ser reconocido es el uso de un atributo que quede grabado en la mente de los clientes. Óbviamente, este atributo debe ser exclusivo para ti, ya que, si es usado por un competidor, va a generar confusión e incluso puede ser perjudicial. Los atributos que resultan más efectivos son los más simples y los que se basan en los beneficios para el público. No importa cuan complejas sean las necesidades del mercado o cuan complejo sea el producto, siempre es mejor enfocarse en una sola palabra o beneficio que en dos, tres, cuatro, y mantenerse en ello. Las personas suelen tener una jerarquía de atributos, unos más importantes que otros, así que es esencial adueñarse del atributo más importante.

Como ejemplo de atributo, centrado en una marca de país, te puedo citar el del eslogan «Uruguay Natural». Se trata de un atributo muy potente, porque define e incluye muchos aspectos del país y sus gentes.

x **Liderazgo.** Puesto que la diferenciación se crea a base de comunicar quién eres, es necesario comprobar si hay otros argumentos que te puedan ayudar. Las personas solemos identificar a las empresas de mayor tamaño como empresas de éxito y de prestigio. Tenemos la costumbre de admirar a los más grandes. Trout y Rivkin aconsejan que las empresas que ostentan liderazgo en algún ámbito determinado lo comuniquen, porque «aunque la gente ama a los perdedores, compra a los ganadores».

Para muchas empresas, su principal elemento de diferenciación no es el producto o el servicio, sino la posición que ocupan en su mercado. Demasiadas empresas dan por sentado su liderazgo y nunca lo explotan, dejando la puerta abierta a la competencia. Si eres líder en un ámbito o en un nicho de mercado en concreto, aprovéchalo y comunícalo debidamente.

¿Te gusta la diferencia?

¿Tienes el hábito de seguir las corrientes generales o sueles abrir camino? ¿Te gusta explorar lo desconocido o prefieres la comodidad de lo conocido?

Si normalmente sigues las tendencias generales, es imprescindible que empieces a tomar el hábito de sondear otras sendas. Es posible que pienses que no sabes diferenciarte y que nunca lo vas a conseguir. En ese caso, es esencial que tomes una nueva actitud, que quieras probarlo y que te permitas equivocarte. Si yerras será positivo, porque vas a sacar un importante aprendizaje. Observa a los bebés, después de cada caída vuelven a levantarse.

Te invito a que retomes los temas que te diferencian de tus competidores. Aíslalos y juega con las palabras para comunicarlos de manera que tu público aprecie esa diferencia. Es fundamental que pienses en el beneficio que tu público va a obtener, y que te olvides de los procesos o lo difícil que es tener esa diferencia.

La especialización

Las profesionales que se concentran en una actividad en concreto o en un segmento o nicho de mercado, suelen generar mejor impresión en la mente de los consumidores. Este hecho les permite ser percibidos como expertos y, por ende, se les atribuyen más conocimientos y experiencia. En este contexto, la especialización resulta esencial para la gestión estratégica de la marca personal. Es francamente difícil construir una marca personal potente sin ser considerado un especialista.

La especialización se puede centrar en personas o productos/servicios. El enfoque en un grupo determinado de personas trata de satisfacer sus necesidades, ya sean generales o concretas. En definitiva, se trata de dirigir tu propuesta de valor a un determinado grupo, lo que conlleva implícitamente descartar a los que no forman parte de él. Aunque parece fácil, es común tener la tentación de enfocarnos a un público mucho más amplio del que podemos abarcar. Es importante ser estricto en este aspecto. Si por ejemplo, tienes una tienda de moda y te decides por ropa para mujeres de talla grande, evita tener ropa para personas de otras tallas, ya que será difícil comunicar tu propuesta. Tu especialización será muy útil para satisfacer mejor a tu público, y este estará encantado contigo porque percibirá que cuidas de él.

El enfoque de la estrategia basado en un determinado grupo de productos (o servicios, o productos y servicios) satisface las necesidades de personas situadas en distintos segmentos de mercado. Por ejemplo, si eres farmacéutico, puedes estar muy especializado en determinados productos dermatológicos, que pueden ser beneficiosos para distintos tipos de público (bebés, adultos, mayores).

Los principales beneficios de la especialización

Por sí misma, la estrategia de enfocarte en determinados productos y servicios, o en determinados segmentos o nichos de mercado ya supone, de entrada, un elemento diferenciador respecto a muchos competidores. La especialización refuerza y alimenta la estrategia de diferenciación. Veámoslo:

Conocimiento: La presunción de experto que tienen los consumidores sobre los profesionales especializados es una gran ventaja. El experto es percibido como alguien exclusivo frente al profesional generalista. Por ejemplo, si debes reformar tu casa, te sentirás más cómodo con un arquitecto especialista en reformas que con otro especializado en la construcción de edificios públicos. Los dos son arquitectos, pero se percibe que uno de ellos tiene más experiencia que el otro para llevar a cabo el proyecto.

Cotización: Otro ejemplo evidente de especialización se halla en profesionales como médicos y abogados. Su valor añadido, y lo sensible de su profesión, hace que los clientes estén dispuestos a pagar más por su especialización.

Claridad: Tu propuesta de valor es clara y, por tanto, los clientes saben rápidamente si les puedes ser útil o no. De esta manera, los que te necesitan se dirigen a ti y tus esfuerzos comerciales se concentran directamente en ellos, evitando la dispersión.

Fortaleza: La especialización tiene, sin duda, otra gran ventaja: potencia tus puntos fuertes. Creo que realmente la mayoría de personas que obtienen resultados extraordinarios lo consiguen en mayor medida porque potencian sus fortalezas. La estrategia de especialización pretende básicamente que te enfoques y potencies tus puntos fuertes.

Las tres etapas del proceso de especialización

1 **Identifica a tu público objetivo.** Resulta fundamental que concretes quién es tu público objetivo. Por consecuencia, como he señalado anteriormente, también conviene tener muy claro quién no forma parte de él. En esta línea, Peter Montoya, experto en marca personal, recomienda formularse cuatro preguntas:

- ¿Es este segmento de mercado suficientemente grande para conseguir cumplir con tus objetivos de facturación?
- ¿Cómo es la competencia en este segmento especializado?
- ¿Estás preparado para trabajar con este perfil de clientes?
- ¿Existe alguna necesidad no satisfecha que tú puedas satisfacer?

2 **Diseña tu portafolio de productos y servicios.** Es necesario que diseñes los productos/servicios que prestas como especialista para poder satisfacer las necesidades no cubiertas del público objetivo.

3 **Reinventa tu modelo de negocio.** Crea la percepción de que eres un profesional que será capaz de cubrir alguna necesidad no satisfecha. Por lo tanto, conviene que te plantees:

- Cómo te comunicarás con tus clientes
- Cómo serán tus instalaciones, dónde las ubicarás
- Concreta tus tarifas y formas de pago
- Define tu política de servicio al cliente y cómo organizarás la relación con él
- Define cómo gestionarás las quejas y reclamaciones
- Detalla cuáles serán tus horarios y tu disponibilidad

Los principales errores en la estrategia de especialización

Conviene prestar mucha atención a dos errores habituales que se suelen cometer en la estrategia de especialización. Por un lado, puedes caer en la trampa de la diversificación, es decir, que te dediques a tareas no contempladas en la propuesta de valor, por ejemplo, comercializar productos y/o servicios que no están identificados o alineados con tu estrategia. La diversificación crea confusión en la mente de los consumidores y, en el medio y largo plazo, suele resultar muy perjudicial para tus intereses.

Por otra parte, también debes ser muy estricto en la aceptación de clientes que no forman parte de tu público objetivo, porque a pesar de que a corto plazo pueden aportar ingresos, siempre resulta negativo para tu posicionamiento y tu imagen de marca.

Consejos para conseguir una mayor especialización

Entre estas recomendaciones destacan:

- Sé sensible a las necesidades emocionales de tus clientes
- Crea algo realmente novedoso
- Enfócate y concéntrate. Especialízate cada vez más
- Encuentra colaboradores que puedan complementar tu oferta
- Cambia a medida que lo hagan tus necesidades
- Ten en cuenta la evolución del entorno y de tus competidores

¿Tienes alguna especialización?

Revisa toda tu actividad, ¿dispones de algún elemento de especialización? Aunque seas un profesional especializado, es posible que haya otros como tú, así que es necesario que puedas dar a conocer otros aspectos de tu especialización que te diferencien.

Segmentación del mercado

Después de haber revisado tus intereses y tu ventaja competitiva, es el momento de analizar el mercado donde piensas moverte. Tener el mapa de tu mercado te dará la información necesaria para aplicar las herramientas que te permitirán definir el perfil definitivo de tu marca.

Cuando me refiero a mercado, aludo a un grupo de personas o entidades con necesidades comunes. Mi mercado pueden ser los jóvenes de 18 a 20 años, empresas dedicadas a la automoción, los socios de un club deportivo, etc.

Los mercados muy grandes resultan muy complejos para atenderlos en su totalidad. Por esto, te recomiendo que te dirijas a pequeñas porciones, es decir, que los segmentes. Si tienes un mercado a tu medida, te será más fácil tener una visión global de él y conocer a tus clientes, por lo que tus resultados serán más rápidos, de mayor calidad y quizás más duraderos.

Tipologías de segmentación

Existen dos tipos de estrategias de segmentación, la diferenciada, en la que el profesional identifica varios segmentos de mercado y se dirige a ellos con propuestas diferentes (pueden ser distintos productos, marcas, precios, canales de distribución, atributos, etc.), y la concentrada, en la que el profesional focaliza todo su esfuerzo en un determinado segmento de mercado, o incluso en un pequeño nicho.

A mi entender, la concentración en un solo mercado suele ser, en la mayoría de los casos, la más apropiada para la marca personal, ya que aprovecha los conceptos de diferenciación y, sobre todo, de especialización. La dispersión en más de un mercado es un reto complejo para una estructura pequeña como una marca personal, ya que requiere un esfuerzo importante en recursos y, por tanto, es desaconsejable. Sin embargo, existen casos en que la propia naturaleza de tu actividad haga necesario el enfoque a más de un mercado. Entonces, si tu producto o servicio llega al cliente final a través de un intermediario, es necesario que identifiques quiénes forman parte de cada uno de los mercados, con el fin de realizar acciones de comunicación específicas sobre cada uno de ellos.

Cómo segmentar

El experto norteamericano de *marketing* Philip Kotler recomienda realizar la segmentación según las variables del consumidor o de su comportamiento de compra. Las variables del consumidor podrían consistir en características geográficas (básicamente lugar de residencia), demográficas (edad, ciclo de vida, sexo, nivel de renta, etc.) y psicográficas (clase social, estilo de vida, personalidad, etc.). En cambio, sus comportamientos de compra podrían responder, por ejemplo, al momento de uso, los beneficios buscados, el tipo de uso que se vaya a dar al producto, los niveles de lealtad, la frecuencia y la intensidad del consumo, la actitud, el nivel de inclinación a la compra, etc.

Te invito a que pienses en ti y en tu oferta, para descubrir cómo puedes segmentar por consumidor o por hábitos de compra. Pregúntate si habría otra variable de segmentación que te pudiera ser útil. Toma nota de quién es tu público objetivo, cómo es, qué hace, qué consume, cómo lo consume, qué problemas tiene, si te ha manifestado alguna necesidad, etc. Escribe, dibuja, garabatea, usa notas adhesivas y haz agrupaciones por distintos temas, sé creativo, apunta ideas locas, etc. Cuanto más imagines, más conocerás a tu público. De todo ello destilarás la esencia de tu segmento.

Para acotar tu trabajo (y evitar pescar a ciegas) te recomiendo que uses una segmentación medible, es decir, que conozcas la dimensión del segmento y su poder de consumo (aunque sea de productos o servicios gratuitos). Estos parámetros sirven de guía para saber si hay clientes allí donde piensas desarrollarte y para planificar tus acciones comerciales y de comunicación. Por ejemplo, si te dedicas al sector de la puericultura, debes buscar el número de nacimientos de tu área de actuación. Siempre que sea posible, estima la dimensión de tu mercado y así evitarás trabajar en un lugar yermo de clientes. Aunque parezca una obviedad, hay muchas personas y negocios que no prosperan porque están en el lugar inadecuado. Busca el filón.

En el mismo contexto de la medición, valora si el segmento es lo suficientemente grande para obtener rentabilidad, si tiene el tamaño óptimo para que le puedas dar servicio y si lo puedes atraer de forma efectiva. ¿Qué ingresos necesitas, te los puede aportar este grupo de mercado? ¿Tienes capacidad para servir con agilidad y calidad a tus clientes? ¿El sistema de comunicación que vas a utilizar es suficiente para que logres los ingresos que pretendes? En la próxima sección te presentaré algunas herramientas para que puedas ahondar en tus capacidades.

Herramientas de análisis estratégico

El mapa de posicionamiento

Uno de los aspectos fundamentales en la gestión estratégica de la marca personal es el posicionamiento. Por posicionamiento se entiende el lugar que un producto, marca o persona ocupa en la mente de los clientes. Se trata básicamente de la imagen que el cliente tiene sobre ti y de dónde te ubica en relación a otros competidores. Esta representación mental y emocional se plasma en un cuadro o mapa que se crea a partir de un proceso comparativo. En otras palabras, tiene que ver con las percepciones y sentimientos que las personas tienen sobre la marca, procedentes de vivencias personales u otras informaciones que se puedan relacionar con los valores de la marca y la persona.

Al tratarse de una construcción mental, es necesario que el posicionamiento que elijas sea claro e inequívoco, para evitar la confusión de tu público. Como hemos visto anteriormente, es necesario que destaques en algo que sea importante para tu público objetivo, que haga que estés en la mejor posición para que te elija en su toma de decisiones. Es fundamental que te concentres en tu público.

La definición del posicionamiento empieza por elegir un atributo en concreto y convertirte en el ofertante número uno del mismo. Por ejemplo, puedes ser el más innovador, el más saludable, el más auténtico, el más sofisticado, el más experto, etc. A pesar de que hay expertos que afirman que una marca puede posicionarse en más de un atributo, te lo desaconsejo.

Como se desprende de lo dicho hasta ahora, el concepto de posicionamiento está muy relacionado con la diferenciación, en tanto que son estrategias basadas en la comparación. En este sentido, las marcas son percibidas en función de cómo son sus competidores.

Veamos ahora qué relación tiene el posicionamiento con la ventaja competitiva. Son dos términos que pueden confundirse; la ventaja competitiva consiste en disponer de algunas características diferenciales sobre los competidores, que permiten a la empresa o a la marca obtener unos mayores beneficios de forma sostenible en el tiempo. Por el contrario, el concepto de posicionamiento se basa en la creación de una imagen determinada de la marca en la mente del consumidor, en asociarse a un determinado atributo.

Los cinco pasos del posicionamiento

1 **Identifica las marcas competidoras.** En el caso de la gestión de marca personal, debes buscar qué otros competidores pueden satisfacer las mismas necesidades que tú en el mercado.

2 **Busca tus atributos.** Como hemos visto antes, el posicionamiento se centra en vincularse a un determinado atributo, así que debes buscar aquello que mejor se puede asociar a ti.

3 **Estudia el mercado.** Debes analizar el mercado en el que vas a competir, es decir, el conjunto de personas y/o empresas a las que dirigirás tu propuesta de valor. Resulta imprescindible que conozcas las percepciones que tienen sobre los competidores y ver a qué atributos los asocian.

4 **Dibuja el mapa de posicionamiento.** Tras el estudio de mercado, debes posicionar a cada competidor en el mapa, según has constatado después de filtrar los mensajes de tus competidores y lo que piensa el público objetivo sobre ellos. Mapeando esta información puedes observar fácilmente qué espacios están más ocupados, dónde puede haber buenas oportunidades de posicionamiento, cómo encajará tu propuesta en el mapa competitivo, etc.

5 **Selecciona la posición óptima.** Con toda la información obtenida debes definir definitivamente a qué atributo quieres asociar tu marca personal y qué espacio quieres ocupar en el mapa de posicionamiento.

Para ilustrar la búsqueda del posicionamiento personal, te voy a presentar el mapa que realizó el publicista Risto Mejide para determinar su participación como jurado de *Operación triunfo*, concurso televisivo emitido en España que buscaba a futuros cantantes de éxito.

Como Risto Mejide ha hecho público en sus libros y conferencias, creó un mapa de posicionamiento en base a un eje relacionado con el conocimiento musical de los demás miembros del jurado (eruditos e ignorantes) y otro eje relacionado con el tipo de críticas más o menos cariñosas realizadas a los concursantes (malos y buenos).

Tras ubicar en el mapa a todos los miembros del jurado se dio cuenta de que quedaba un cuadrante vacío. No había nadie posicionado como ignorante y malo, así que decidió ocupar ese espacio para diferenciarse del resto y sobresalir claramente. Sin duda fue un gran acierto, puesto que se convirtió en un personaje público muy notorio y con una visibilidad profesional difícil de alcanzar por otros medios.

Mapa de posicionamiento del jurado de *Operación triunfo*

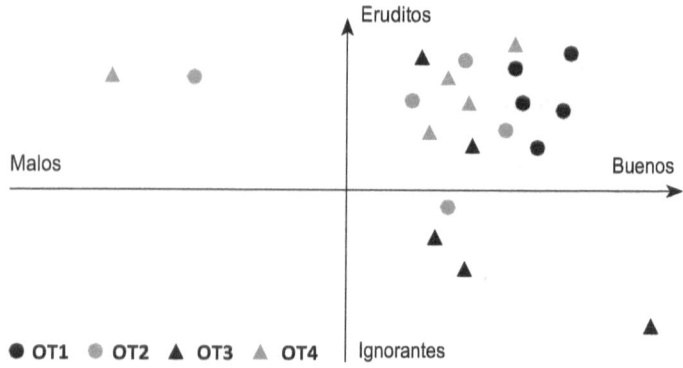

Con la información que has recabado sobre tu visión, tus valores, tus ventajas competitivas y el segmento de mercado al que te quieres dirigir, tienes suficiente información para hallar tu posicionamiento ideal. Te animo a que practiques y lo contrastes con personas de confianza.

Para finalizar este apartado sobre el mapa de posicionamiento, te prevengo de cuatro errores de posicionamiento que Philip Kotler ha observado en muchas empresas y profesionales:

1 **Infraposicionamiento.** Se da cuando los clientes o consumidores potenciales de una marca tienen una vaga percepción de la misma y son incapaces de asociarla a ningún atributo en concreto.

2 **Sobreposicionamiento.** En algunos casos, los compradores potenciales pueden tener una idea demasiado concreta de la marca con lo que, de esta forma, el mercado potencial de la empresa se reduce notablemente.

3 **Posicionamiento confuso.** Se da cuando los clientes o consumidores potenciales de una marca tienen una imagen confusa de la misma debido, seguramente, a demasiadas asociaciones o cambios frecuentes de la estrategia de posicionamiento.

4 **Posicionamiento dudoso.** Sucede cuando los consumidores consideran poco fiables las asociaciones buscadas por la marca.

El DAFO personal

DAFO es el acrónimo de Debilidades, Amenazas, Fortalezas y Oportunidades (en inglés SWOT: *Strengths, Weaknesses, Opportunities and Threats*).

El DAFO combina el análisis interno, que se observa en las debilidades y fortalezas, con el análisis del entorno, donde se reflejan las amenazas y las oportunidades. Es una herramienta muy valiosa para entender en qué contexto te ubicas. Por una parte, saca a la luz en qué destacas y cómo te puedes aprovechar de ello —entorno de oportunidad—, y por otra parte, muestra cuáles son los puntos débiles que debes mejorar o te van a perjudicar, y las amenazas que debes vigilar. Veámoslo en más detalle:

× **Debilidades.** Se pueden definir como aquellos aspectos que te limitan y que debes conocer para poder trabajar sobre ellos o, como mínimo, saber que te van a condicionar. Ejemplos pueden ser la falta de experiencia, ser nuevo en la ciudad, etc.

× **Amenazas.** Son retos procedentes del entorno que pueden impedir la implantación de una estrategia, reducir su efectividad, incrementar los riesgos, aumentar los recursos requeridos para su implantación y reducir los ingresos o su rentabilidad. Como ejemplo de amenazas podríamos señalar la implantación de un profesional competidor potente, una legislación adversa, mucha oferta similar a la tuya, etc.

× **Fortalezas.** Son capacidades internas consideradas puntos fuertes, que sirven de soporte o ventaja para explotar las oportunidades. Algunos ejemplos de fortalezas serían la creatividad, el conocimiento de idiomas, la experiencia en empresas líderes, buenos contactos, etc.

× **Oportunidades.** Son aquellas situaciones que ofrecen la posibilidad de cumplir (o superar) las metas apoyándote en las ventajas competitivas, o para mejorar la rentabilidad, el crecimiento, etc. Ejemplos de oportunidades serían la implantación de una nueva tecnología de la que eres experto y tiene amplias posibilidades de desarrollo, políticas de incentivación de tu sector, gran evento que necesitará un buen número de colaboradores, etc.

Aquí te muestro una representación gráfica del DAFO y unas sencillas preguntas para que empieces a practicar con el análisis de tu marca.

Por otra parte, la información obtenida del DAFO, organizada como matriz, aporta una lectura estratégica de tu marca. Es un punto de partida muy interesante para definir tus próximas acciones:

× **Estrategias de supervivencia** (relación A/D): Te muestra las amenazas externas y las debilidades internas con las que tienes que luchar contra tus competidores.

× **Estrategias de reorientación** (relación O/D): Se te plantean oportunidades que puedes aprovechar. Te van a servir para superar tus puntos débiles internos.

× **Estrategias defensivas** (relación A/F): Dispones de fortalezas suficientes para enfrentarte a las amenazas que has detectado en tu entorno.

× **Estrategias ofensivas** (relación O/F): Es la posición en la que todo profesional desea estar. Debes aprovechar las oportunidades que te ofrece el entorno y adoptar estrategias de crecimiento.

En definitiva, debes aumentar tus fortalezas, disminuir tus debilidades, aprovechar las oportunidades y neutralizar las amenazas.

Matriz DAFO

	Amenazas (A)	Oportunidades (O)
Debilidades (D)	Estrategias de supervivencia	Estrategias de reorientación
Fortalezas (F)	Estrategias defensivas	Estrategias ofensivas

Define tu modelo de negocio

La parte quizás más importante de toda esta etapa de estrategia es la de concretar cuál va a ser tu modelo de negocio, es decir, la forma en que vas a sacar rendimiento a tu actividad.

Para explicar este punto me voy a apoyar en la metodología de modelos de negocio representados en un lienzo —*canvas* en inglés—. Se trata de exponer, de forma visual, el funcionamiento de tu actividad. El lienzo se divide en nueve módulos básicos que permiten dibujar la lógica que sigue una marca para conseguir un beneficio (por ejemplo, unos ingresos). La visión general del negocio se observa a partir de concretar sus aspectos esenciales: clientes, oferta, infraestructura y viabilidad económica.

En definitiva, el lienzo es una herramienta que te permitirá desmenuzar tu actividad para comprobar si es viable, o para advertirte de que debes hacer modificaciones. Es recomendable que busques un papel muy grande y lo cuelgues en la pared para trabajar con comodidad.

Una vez colocado el lienzo en la pared, ya puedes escribir o dibujar dentro de cada módulo o entre módulos. Para ser flexible, te recomiendo que uses notas adhesivas y vayas fotografiando los distintos resultados, así los podrás analizar tantas veces como quieras. Bucea en el lienzo y busca nuevas ideas y combinaciones hasta llegar a un resultado satisfactorio.

Plantilla del lienzo del modelo de negocio

Asociaciones clave	Actividades clave	Propuestas de valor	Relaciones con clientes	Segmentos de mercado
	Recursos clave		Canales	
Estructura de costes			Fuentes de ingresos	

A continuación paso a describir cada uno de estos nueve elementos:

Segmentos de mercado. Como hemos visto en el apartado de segmentación, debemos saber a quién nos dirigimos. Los clientes son el centro de cualquier negocio, ya que proporcionan rentabilidad para la continuidad de la actividad. Resulta de gran importancia que los conozcas bien, que identifiques qué necesidades tienen y cómo puedes satisfacerlas de forma rentable.

Por otra parte, también debes tener en cuenta el concepto de cliente interno, pues muchos profesionales deben satisfacer necesidades a otras personas dentro de la misma organización.

Revisa las notas tomadas en el apartado de segmentación y úsalas en el lienzo.

Propuesta de valor. En el apartado dedicado a qué quieres ser, donde hemos analizado tu misión, la visión, los valores y tus objetivos, has apuntado aquello que tú quieres. Ahora es el momento de unirlo con el segmento de mercado que hayas seleccionado. De la confluencia de lo que quieres ser y lo que ofreces, más lo que necesita tu segmento, destilarás en una frase tu propuesta de valor (en qué ayudas a tus clientes).

Para empezar a rellenar este módulo, imagina que eres un cliente. Anota en el lienzo cómo aumentas tus ingresos, cómo disminuyes tus costes o cómo eres más feliz gracias a una propuesta de valor que te pueda satisfacer o que te solucione algún problema. Escribe o dibuja intuitivamente, déjate llevar por tu mente libre, más tarde ya descartarás lo que no encaje. Una idea aislada puede tener sentido con otra idea de otro módulo. Estás en un proceso creativo, así que no te coartes.

Canales de comunicación y distribución. Es el momento de ver cómo te comunicas con tu segmento y le haces llegar tu propuesta de valor. Debes cuidar los canales, puesto que si la experiencia no es satisfactoria para el cliente, es posible que te evite y lo pierdas.

Empezarás a desarrollar este módulo apuntando en el lienzo: cómo das a conocer a tus clientes tus productos/servicios (publicidad, internet, etc.); qué propuesta de valor estás ofreciendo; cómo ayudas a los clientes a evaluar tu propuesta de valor; cómo compran los productos/servicios tus clientes; cómo entregas el producto o das el servicio; cómo mantienes la relación con los clientes después de la venta; dónde te pueden localizar para relacionarse contigo (para ampliar información, pedir presupuesto, etc.); si actúas directamente o a través de intermediarios.

Relaciones con los clientes. En este módulo se trata de analizar qué relación tienes con tus clientes y cuál te gustaría tener. ¿Tienes clientes fieles o los debes fidelizar? ¿Siempre tienes que captar clientes nuevos? ¿Cómo te comunicas con tus clientes, cada cuánto tiempo lo haces, cómo es la interacción con ellos y qué aspectos de tu relación con ellos debes mejorar? ¿Te preocupas por la satisfacción de tus clientes? ¿La mides? ¿Tienes una relación personal o automatizada?

Fuentes de ingresos. Debes analizar todos tus ingresos, tanto los objetivos (sueldo, honorarios, retribuciones en especie, etc.) como los intangibles (satisfacción personal, felicidad, aprendizaje...). Compara los ingresos con los costes. ¿Son adecuados para tu estructura de ingresos? ¿Puedes mejorar tu rentabilidad disminuyendo los costes o aumentando los ingresos? Investiga qué actividades te aportan más ingresos y cuáles menos, qué clientes te aportan más y cuáles menos. ¿Tus honorarios están en consonancia con tu posicionamiento?

Anota en el lienzo por qué actividades está dispuesto a pagar más tu cliente y cuánto están cobrando tus competidores por productos/servicios parecidos.

Asimismo, explora cómo puedes generar ingresos de tus clientes: a partir de ventas directas y puntuales, mediante pagos periódicos (pago por uso, pago por suscripción, alquileres, etc.), intermediación, publicidad, etc.

¿Cómo fijas los precios por tus productos/servicios? ¿Puedes aplicar otros métodos?

Recursos clave. En este módulo es esencial entender quién eres y con qué recursos cuentas. Rescata los apuntes que tomaste en el apartado de autoconocimiento: tus competencias profesionales, tus habilidades, tus intereses (aquellas cosas que te gustan), tus motivaciones (aquellas cosas que te mueven, que tienes ganas de hacer) y tus pasiones (aquellas actividades que harías gratis, que te emocionan, etc.).

Recupera los conocimientos y titulaciones que has adquirido, cuál es tu experiencia (no solo en el ámbito profesional), de qué recursos económicos y patrimoniales dispones (dinero, oficinas, coche, ropa, herramientas, etc.), qué contactos tienes, etc. Es decir, anota en el lienzo todos aquellos elementos que pueden ser considerados como valiosos para tu actividad profesional.

Actividades clave. Este módulo te va a servir para filtrar, de forma simple y clara, qué actividades realizas, y te permitirá obtener la columna vertebral de tu mensaje. Anota tus principales ocupaciones, tus tareas más importantes, qué actividades realizas con mayor frecuencia, si produces algo, si resuelves problemas, etc.

Socios clave. Es posible que te interese asociarte a alguien para optimizar tu modelo de negocio, reducir riesgos o conseguir recursos más fácilmente. En este contexto, puedes asociarte con no competidores, con competidores (por motivos estratégicos), con otra empresa (para crear nuevos negocios), o con un proveedor (para garantizar la fiabilidad de los suministros).

Debes anotar a quién necesitas, quién te ayuda para poder llevar a cabo tus actividades, si puedes reducir costes con algún proveedor, o si puedes recibir mayor valor añadido. Cuestiónate si es más eficiente subcontratar alguna de las actividades clave (*outsourcing*) o bien pasar a realizar alguna actividad que actualmente contratas a otras personas o empresas (*insourcing*).

Estructura de costes. Resulta imprescindible controlar los costes de las actividades que realizas para satisfacer las necesidades de tus clientes. En este sentido, conviene analizar tanto los costes directos como los indirectos. Debes estudiar y ver de qué forma puedes reducirlos sin afectar negativamente a tu propuesta de valor. Valora qué costes te conviene subcontratar y cuáles no. También es muy interesante analizar qué actividades generan más costes y cuáles menos, qué recursos son más costosos y cuáles menos.

Un ejemplo de definición estratégica de marca personal

Hasta aquí te he explicado los procesos para conocerte, tanto a nivel interno, como en relación al contexto en el que te mueves. Es posible que hayas estado a punto de rendirte, puesto que habrás pensado que la fase de conocimiento de ti mismo y el entorno es un proceso lento o costoso. Efectivamente, te conoces medianamente, por la falta de costumbre de mirarte objetivamente a ti mismo. Podríamos decir que es como el primer día que vas al gimnasio, parece que todo es una carga y que no vas a llegar nunca a cumplir ningún hito. Pues bien, con un poco de práctica es posible llegar muy lejos, y más fácilmente de lo que imaginas.

Para facilitarte el uso de todas las herramientas que acabamos de ver, te voy a mostrar un ejemplo completo de cómo redactar una propuesta. Montse Castillo, profesional dedicada al sector del envasado (*packaging*), nos ha cedido el perfil que elaboró cuando se preparó para establecerse como consultora:

> **Misión**:
>
> Ayudo a las empresas que envasan a ser más eficientes y sostenibles (a nivel económico, medioambiental y de seguridad) a través de consultoría y formación en el ámbito del *packaging*.

Visión:

Conseguir un mundo más sostenible y eficiente a través de un *packaging* de menor impacto mediombiental, más sostenible para las empresas y que mejore la calidad de vida de las personas.

Ser la consultora y formadora en *packaging* más reconocida por empresas envasadoras, centros tecnológicos, fabricantes de envase y maquinaria de envasado en España y Latinoamérica.

Valores:

Profesionalidad, respeto al medio ambiente, sostenibilidad, ética profesional y empresarial.

Objetivos:

Independencia económica, crecimiento profesional, disfrutar del desarrollo de mi actividad profesional aportando valor a la sociedad.

Ventajas competitivas:

Especialización en *packaging* con un sólido bagaje académico (Doctora y docente universitaria) y una experiencia profesional de más de 15 años en el ámbito del *packaging*.

Segmento de mercado:

Empresas del sector alimentario que precisan de servicios de embalaje y envasado. Segmentación por el tamaño de empresa (pyme y gran empresa).

Posicionamiento:

Asesoramiento personalizado y totalmente especializado en el ámbito del *packaging*.

Desmárcate

Lienzo de modelo de negocio:

Asociaciones clave:
- Consultorías de medioambiente y sostenibilidad
- Consultorías de marketing
- Centros tecnológicos
- Asociaciones profesionales
- Universidades
- Gestoría

Actividades clave:
- Consultoría:
  - Análisis y diagnóstico de sistemas de envase y embalaje
  - Desarrollo de soluciones de envasado más sostenibles (packaging)
  - Reingeniería de sistemas de envasado
  - Implantación industrial de sistemas de envase y embalaje
  - Actualización de etiquetado alimentario
- Formación:
  - Cursos
  - Coordinar programas formativos
  - Conferencias
- Comercial y marketing:
  - Visita a clientes
  - Participación en ferias
  - Elaborar propuestas de colaboración
  - Comunicación offline y online (web y redes sociales)

Recursos clave:
- Equipo informático: Ordenador portátil e impresora
- Sistemas móviles (teléfono y tableta)
- Despacho (oficina)
- Coche

Propuestas de valor:
- Ayuda a las empresas que envasan a ser más eficientes y sostenibles (a nivel económico, medioambiental y de seguridad) a través de consultoría y formación en el ámbito del packaging

Relaciones con clientes:
- Página web (www.montsecastillo.com)
- E-mail
- Videoconferencia (Skype, Hangout...)
- Teléfono
- Visita personal
- Ferias y congresos

Canales de distribución:
- Presentación personalizada del proyecto realizado
- Asesoramiento personalizado in situ
- Formación presencial en centros formativos o in company
- Conferencias en congresos y ferias

Segmentos de mercado:
- Empresa del sector agroalimentario (pyme y gran empresa)
- Empresas de otros sectores (cosmética, química, farmacia, muebles...)

Estructura de costes:
- Alquiler despacho
- Renting coche
- Renting equipos informáticos
- Telecomunicaciones
- Dietas, desplazamientos
- Servicios profesionales (gestoría, marketing...)
- Marketing y publicidad

Fuentes de ingresos:
- Desarrollo proyectos de consultoría
- Facturación cursos y conferencias

Parte III
Comunicación de la marca personal

5. Crea tu mensaje

> No hay sendero que lleve a una persona a hacer carrera más rápidamente y a crearse una buena reputación que la destreza del buen orador
>
> **Philip D. Armour**

La comunicación es igual al despliegue de la marca personal, y consiste en desarrollar experiencias que produzcan una impresión positiva en tu público o segmento de mercado. Tu objetivo debe consistir en estar en contacto continuo con él, para estar siempre en su mente y estimularle a que cuente contigo.

Antes de empezar a hablar del mensaje conviene recordar que, además de comunicar para promocionar nuestro producto/servicio, estamos emitiendo continuamente mensajes sobre nuestro producto/servicio a partir del precio, el envoltorio, la experiencia que damos al cliente, la ubicación en un establecimiento, la rapidez en servicio, etc.

En este contexto, y como ya he comentado anteriormente, debes conocer bien al público o segmento al que te diriges, con el fin de preparar una comunicación que capte su atención de una forma positiva. Recuerda que para comprobar tu progresión, será necesario que te marques unos objetivos. Aunque resulte una obviedad, si verdaderamente quieres desarrollar tu marca personal, tienes que saber cómo, dónde y por quién es conocida. Si no lo hicieras, sería como estar perdido en el espacio sideral.

La comunicación es un proceso bidireccional y solo se produce cuando emisor y receptor participan activamente en el proceso. Como se observa, se requieren al menos dos personas para que pueda haber comunicación:

1 Emisor: hace llegar un mensaje al receptor a través de un canal determinado.

2 Receptor: recibe el mensaje, lo reconoce, lo comprende y reacciona de acuerdo con el objetivo del emisor.

Las tres ces de la comunicación de marca

La comunicación, tanto oral como escrita, debe reunir tres características esenciales: **claridad, consistencia y constancia.**

La claridad resulta fundamental. Debes dejar muy claro quién eres y qué haces. Pregunta a tus allegados, clientes, amigos, colaboradores, etc. si entienden claramente aquello que quieres comunicar. Muchas veces nuestras ideas y conceptos son incomprensibles por los demás. Conviene hacer el esfuerzo de analizar la comunicación de marca desde distintos puntos de vista; seguro que nos daremos cuenta de muchas posibilidades de mejora.

Evita el uso de tecnicismos o de anglicismos innecesarios. En lugar de pensar solo en ti, en aquello que haces y eres, piensa en tus clientes, en qué se van a beneficiar con tu trabajo, qué necesidades les vas a cubrir, qué garantías les vas a dar, por qué tienen que elegirte a ti.

La consistencia significa que no existen contradicciones o ambigüedades. Es de vital importancia observar si siempre comunicas en la misma línea, independientemente de la actividad o el canal que utilices. Para ser consistente, todos tus mensajes deben estar perfectamente alineados con tu estrategia de marca personal.

Hemos visto anteriormente que las marcas necesitan tiempo para desarrollarse. Cuanto más consistente seas y más alineada esté tu comunicación de marca con tu planteamiento estratégico, más fácil será que obtengas una marca potente.

También resultará imprescindible que revises periódicamente todos tus elementos de comunicación, para verificar que todos *respiran* de la misma forma, que no existen contradicciones y que todas las acciones de comunicación están alineadas. Suele ser de gran ayuda que otra persona te ayude en este cometido, pues el apego a la marca y al trabajo realizado hacen más difícil la detección de contradicciones y faltas de consistencia.

La constancia es aquella actitud que te conduce a perseverar para alcanzar las metas que te has propuesto, pese a las dificultades o a la disminución de la motivación personal causada por la erosión del paso del tiempo. La constancia se sustenta en la fuerza de voluntad, en el esfuerzo continuo y en la ilusión para conseguir la meta propuesta. Es un elemento fundamental.

Después de alguna de mis charlas o cursos sobre *personal branding*, los alumnos son muy activos e intentan aplicar a sus marcas personales buena parte de lo aprendido. Sin embargo, he comprobado que, buena parte de ellos, disminuirán su actividad cuando termine el efecto *novedad*. Por el contrario, hay alumnos o clientes que son capaces de mantener su actividad de forma sostenida en el tiempo y consiguen grandes resultados. Suelo decirles a todos que la gestión de la marca personal es una carrera de fondo y que la constancia es imprescindible. Conviene inculcar la necesidad y la motivación de dedicar un espacio diariamente a la gestión de la marca personal. Con el tiempo esta actividad repetida se convertirá en hábito y, con el hábito, llegarán los buenos resultados.

> Además de claridad, consistencia y constancia, el seguimiento es fundamental en la comunicación. Lanzar acciones y olvidarte de ellas es como dar cañonazos al aire

El mensaje

A continuación te presento los elementos básicos del mensaje. Te recomiendo que no empieces a elaborar tu mensaje hasta tener todos los elementos completamente identificados. La autora norteamericana Susan Chritton los define así:

- **Necesidades:** debes identificar las necesidades que tienes. Según Chritton, las necesidades dirigen tus sentimientos e influencian tus valores.
- **Intereses/pasiones:** el mensaje debe incluir aquellos temas que te motivan, que te dan energía y a los que deseas dedicarles tiempo.
- **Misión:** simplemente debes indicar qué quieres hacer en tu vida.

- x **Visión:** concreta el sueño que tienes, tu aspiración a largo plazo, dónde quieres estar (en sentido figurado) dentro de un tiempo.
- x **Valores:** incluye los principios básicos que rigen tu vida.
- x **Objetivos:** debes incorporar en el mensaje las metas que deseas alcanzar.
- x **Fortalezas:** destaca en el mensaje aquellos puntos fuertes que te ayudan a conseguir tus objetivos.
- x **Factor diferencial:** es necesario incluir alguna característica única, algún elemento que te hace diferente.
- x **Atributos personales:** incorpora atributos personales, aquellos elementos que describen cómo eres.
- x **Educación y experiencia laboral:** incluye en tu mensaje atributos que resuman tu carrera profesional y también los conocimientos que has alcanzado con tu educación.
- x *Feedback* **360º:** resulta interesante añadir atributos sobre cómo te ven tus compañeros de trabajo, tus amigos, etc.
- x **Público objetivo:** es fundamental. Debes dejar bien claro a quién diriges tu propuesta de valor.

Perfil de marca personal

Es el momento de afilar el lápiz y que escribas la definición de tu marca. Se trata simplemente de una definición, de medio folio de extensión, que debe incluir los elementos que acabamos de revisar. Como pautas para la redacción te recomiendo que utilices un lenguaje preciso en la descripción y que realce tus atributos (tanto objetivos como emocionales), con verbos de acción, que dejen claro *qué* haces y *para quién* lo haces.

Este perfil te va a servir para otros elementos de comunicación, como pueden ser el *curriculum vitae*, el *elevator pitch*, las biografías que aparecen en diferentes redes sociales, etc.

Declaración de marca personal

Una vez redactado tu perfil de marca personal, el siguiente paso es la redacción de la declaración de marca personal. Supone un paso más de complejidad respecto el perfil de marca personal. Esta declaración es una promesa de valor que debe centrarse en tu público objetivo y debe dejar claro en qué vas a ayudarles o qué necesidades vas a satisfacer. Se trata básicamente de resumir en una frase los diferentes elementos que describen tu propuesta de valor.

Piensa en una declaración de tu marca y valídala haciéndote las siguientes preguntas:

1 ¿Consiste en una sola frase?

2 ¿Es fácil de entender?

3 ¿Es fácil de recordar?

Si has contestado afirmativamente a las preguntas y tu declaración define bien tu propuesta de valor, has hecho un buen trabajo. Si hay aspectos que no han quedado bien resueltos, sigue trabajando en ellos hasta que quedes satisfecho.

La declaración de tu marca personal es como el norte en una brújula. Es un buen recordatorio de tu propósito en tu vida, te ayudará a tomar decisiones que marcarán tu futuro profesional y es un buen filtro para establecer prioridades. Asimismo, es una gran herramienta de comunicación porque te permite difundir tu propuesta de valor a todo el mundo, de forma rápida y fácil, y maximizará tus talentos, puesto que se centra en tus puntos fuertes.

Eslogan, *tagline* o *claim*

Otro de los elementos clave en la comunicación de la marca personal es la creación del eslogan, también llamado *tagline* o *claim*. El eslogan no es más que un pequeño mensaje de texto, es el lema. Se puede definir como una frase a continuación de tu nombre, que resume tu propuesta de valor única. Es todavía más reducida que la declaración de marca personal y como mucho debe ocupar una frase.

Un buen *tagline* debe servirte para diferenciarte de tus competidores, expresar tu personalidad y dejar claro a qué te dedicas y a quién ayudas. Un buen eslogan debe ser simple y fácil de recordar. Resulta paradójico que en muchas ocasiones es más fácil definir tu perfil de marca personal con varias frases que concentrar la esencia de tu marca personal en una sola frase de pocas palabras.

Es importante que, a nivel formal, el eslogan esté escrito en tiempo verbal presente, que sea realmente corto, que sea fácil de pronunciar, que se pueda traducir con facilidad a otros idiomas (si vas a trabajar en un entorno internacional) y que nadie más lo use (haz alguna prueba en internet). Por otra parte, a nivel de contenido, asegúrate de que el mensaje está totalmente alineado con tu estrategia de marca personal e incorpora elementos de tu diferenciación para hacerlo más único.

Una vez hayas definido tu *tagline*, escríbelo después de tu nombre, por ejemplo en la firma del correo electrónico, en la tarjeta de visita y también en el perfil personal de alguna red social.

El *elevator pitch*

Imagina que coincides con una persona a la que quieres llamar la atención. Lo más indicado en estos casos es darle un mensaje breve y explícito. Esto es lo que se llama *elevator pitch* o discurso del ascensor. Debes disponer de un discurso de presentación comprimido en 1 minuto.

El objetivo de esta herramienta es generar interés con tu presentación para conseguir una cita más amplia con tu interlocutor.

La estructura del *elevator pitch* es muy simple y debe ser muy rigurosa en cuanto a la duración. Debes empezar saludando y dando tu nombre. En segundo lugar ya puedes citar a tu público, qué necesidad no tiene satisfecha y en la que tú puedes aportar algo. En este punto expresa qué producto o servicio prestas y qué esperas conseguir. Para cerrar el discurso, debes entregar cordialmente una tarjeta a la persona con la que has coincidido y proponerle algo que te sea útil, como que te gustaría citarte unos minutos para pedirle consejo sobre algo. Es muy importante que evites peticiones concretas a la otra persona, puesto que todavía no hay confianza. En este sentido, es prudente que explores los intereses de tu interlocutor para comprobar posibles sinergias.

Aquí tienes unas pautas específicas para crear tu discurso, aportadas por la experta francesa en marca Bernadette Martin:

1   Empieza tu presentación con algo parecido a «Hola, mi nombre es...». A parte del nombre, Bernadette recomienda que añadas el título o cargo y el nombre de la empresa en la que trabajas.

2   En segundo lugar, sigues con «Trabajo con...» para definir cuál es tu público objetivo, a quién diriges tu oferta o a quién satisfaces sus necesidades.

3   A continuación, aconseja que sigas con algo parecido a «quienes experimentan...», punto que sirve para indicar el reto o el problema que tienen el público o bien la necesidad no satisfecha.

4   Tras haber identificado el problema o reto a superar, apuesta por seguir con algo como «lo que significa que...», momento en el que debes apuntar cómo vas a solucionar el citado problema o conseguir el reto planteado.

5   En quinto lugar, Bernadette propone seguir con algo parecido a «lo que ofrezco es...» y aquí es donde debes describir el producto o el servicio que prestas.

6   Y en último lugar, para cerrar el *Pitch*, sugiere que termines de forma parecida a «lo que significa que...» y en este punto listes el resultado o la solución que esperas conseguir.

Ensayar el discurso en vídeo es un magnífico ejercicio. Es muy útil para desarrollar una buena argumentación, controlar la duración del mensaje y verte actuando (expresión corporal, dicción, actitud). Después de unos cuantos ajustes podrás ensayar el discurso ante personas de confianza y darlo por bueno. Trata de ser creativo para llamar la atención positivamente y observa bien tu lenguaje no verbal, pues comunica más de lo que imaginas.

Si te sientes inseguro en el lenguaje verbal, es recomendable que busques recursos en bibliografía, formación específica o vídeo sobre hablar en público.

Ejemplo de comunicación de la marca personal

De nuevo, Montse Castillo ha tenido la gentileza de compartir sus elementos de comunicación.

Declaración de marca personal:

Ayudo a las empresas que envasan a ser más eficientes y sostenibles (a nivel económico, medioambiental y de seguridad) través de consultoría y formación en el ámbito del *packaging*

Claim:

Consultora y formadora en *packaging*

Elevator Pitch:

—Hola, soy Montse Castillo, consultora y formadora en *packaging* y fundadora de **RepaQ Packaging Consulting**

—Ayudo a las empresas agroalimentarias a ser más eficientes y sostenibles tanto a nivel económico y medioambiental, como de seguridad

—Para ello, analizo la situación actual de la empresa a nivel de envasado y embalaje. Realizo un diagnóstico y diseño e implanto un plan de acción que aumente la competitividad de la empresa a través del *packaging*

—También realizo acciones formativas y conferencias, tanto en universidades y centros formativos, como en congresos y formaciones *in company*

—Con mis actuaciones deseo contribuir a conseguir un mundo más sostenible, empresas más eficientes y a mejorar la calidad de vida de las personas

6. Comunicación *offline*

El recorrido realizado hasta ahora ha sido largo y te puedes dar por satisfecho porque, si has seguido los puntos que te he indicado, ya tienes en tus manos todos los elementos de tu identidad. A partir de este momento voy a prepararte para que, paso a paso, dispongas los instrumentos necesarios para establecer la comunicación con otras personas.

El elemento esencial de toda comunicación es la actitud proactiva hacia la relación. Es imprescindible querer comunicar, o los resultados serán pobres y absolutamente decepcionantes para tu objetivo, que consiste en darte a conocer. Si eres una persona tímida, será necesario que consideres la necesidad de evolucionar hacia una actitud abierta, de curiosidad hacia los demás, con ganas de compartir experiencias y posibilidades de desarrollo personal y profesional. Es necesario que venzas las barreras mentales del retraimiento a través de los valores de crecimiento, es decir, debes situar por delante de la timidez un beneficio mayor y más atractivo.

El *networking* o red de contactos es la forma presencial más directa de comunicarte con otras personas u organizaciones. Su objetivo consiste en mantener una red de personas u organizaciones formal o informal en una relación de reciprocidad: que sepan de ti por si te necesitan o por si tú les necesitas. Hay un beneficio solidario implícito.

> El elemento esencial de la marca personal consiste en tener relaciones multidireccionales sanas y fluidas

Es fundamental que comprendas el contexto en el que te sitúas y los objetivos que quieres lograr antes de decidir qué instrumentos necesitas o por qué canales te vas a comunicar. Ello te ayudará a definir tu estrategia de comunicación. Vamos a verlo a continuación.

La tarjeta de visita

¿Te ha pasado alguna vez que no sabes con quién has hablado porque no te ha ofrecido su tarjeta? ¿Has perdido la oportunidad de darte visibilidad ante alguien de tu interés porque no le has podido facilitar tus señas? Es posible que hayas desaprovechado ocasiones para mantener el contacto con otra persona, y a la inversa, por falta de datos que os conecten.

A pesar de que estamos en la era digital, la tarjeta de visita continúa siendo un elemento importante de la comunicación personal y quizás está lejos de entrar en desuso. El intercambio de tarjetas es fundamental en los encuentros de *networking* o cuando conoces a alguien a nivel profesional, como en las visitas comerciales, las ferias, los congresos, etc. Entre sus beneficios puedo decirte que se trata de un elemento que informa sobre ti aunque no estés presente, permite conocer tus datos básicos y veraces de un solo vistazo, si tiene un buen diseño sirve para llamar la atención a posibles clientes, proveedores, etc., favorece que las otras personas se acuerden de ti cuando abren el tarjetero o se topan con la tarjeta, etc.

El diseño de tu tarjeta debe estar bien meditado, porque forma parte de tu carta de presentación. En este sentido, debe ser congruente con tu marca personal, puesto que es tu imagen. Es recomendable que acudas a un diseñador gráfico o a un especialista en *marketing* para que te ayude a diseñarla.

La tarjeta debe contener tu nombre o el nombre de tu marca y tu nombre, y debajo, tu profesión o una definición de aquello que haces. Son las primeras informaciones que cualquier persona va a mirar. En un segundo plano deberás reflejar tu dirección (incluyendo el país si vas a trabajar en distintos países), el correo electrónico, el teléfono, web, blog —si lo tuvieras— y referencia a redes sociales que remitan a tu perfil personal (LinkedIn) o información de tu marca (Facebook). Si tienes un logotipo, también lo tendrás que situar en un lugar bien visible.

Es importante que el formato de la tarjeta, junto al diseño, el tipo de letra, el papel utilizado y una buena impresión estén alineados contigo. Es decir, si eres abogado, tu tarjeta debe tener un tono de seriedad y confianza, distinto a si regentas una tienda de moda, que puede ser más atrevido y colorista con el objetivo de comunicar el tipo de género que vendes.

El *networking* o cómo desarrollar tu red de contactos

Según Tom Peters, «el *networking* es la herramienta de *marketing* más importante para construir la marca personal». ¿Alguna vez has recibido propuestas a partir de personas conocidas porque sabían de tus habilidades e intereses? Se-

Desmárcate

guramente, estas personas han querido compartir contigo algo que seguramente te encajaba, así que su ayuda es inestimable.

Es muy positivo que trates de conocer a otras personas, puesto que si hay un buen entendimiento, algún día pueden darte una sorpresa positiva. Además, se ha comprobado que el contacto con personas alejadas de tu grupo de conocidos da mejores resultados para tus objetivos, porque te presentan a otras personas muy interesantes y que hasta ese momento estaban fuera de tu ámbito más cercano.

El *networking* es una excelente forma de comunicar tu marca personal, de conocer personas sugerentes, adquirir conocimientos y, sobre todo, potenciar tu capacidad profesional y de negocio. El vocablo inglés *network* significa red y describe, en el contexto personal, un entramado de intereses y contactos entre personas afines. Se trata de una filosofía que consiste en el establecimiento de una red de personas, que te permite darte a conocer tanto a ti mismo como a tu empresa, y compartir experiencias, intereses y otros contactos. Estas redes se pueden desarrollar presencialmente o a través de internet, con plataformas profesionales como LinkedIn o de otro tipo.

Quizás pienses que la creación de una red de contactos va a ser algo muy duro, difícil y fuera de tu alcance. Nada más lejos de esto, posiblemente tú ya formas parte de redes, por ejemplo, familiares, amigos, vecinos, antiguos colegas de estudios, compañeros de aficiones (deportes, música, etc.), de comunidades (oenegés, iglesia, etc.), etc.

Después de identificar tu propia red de contactos, tienes en tus manos dos formas de ampliarla, presentándote directamente a otras personas o pidiendo a un miembro de tu red que te presente a alguien que deseas conocer. Para animarte en esta tarea te voy a contar que en 1967 el psicólogo norteamericano Stanley Milgram realizó un estudio en el que eligió una persona al azar, que residía en un punto de Estados Unidos, para que mandara un paquete postal a un desconocido, en la otra parte del país. Con este experimento, Milgram demostró que era posible hacer llegar ese paquete —a través de entre cinco a siete personas—, a un desconocido únicamente con las relaciones de cada intermediario. Es lo que se llamó los *seis grados de separación* entre personas. Imagina en la actualidad, con tantos medios de comunicación, la separación entre tú y otra persona de tu interés puede ser mucho menor.

Para articular tu red de contactos y desarrollarla, lo primero que debes hacer es inventariar tus contactos siguiendo estos criterios:

x   Lista las redes profesionales y particulares a las que perteneces.
x   Anota los nombres de las personas que conoces en estas listas.
x   Marca los nombres de los contactos que consideres más recientes.
x   Revisa todos los nombres y pregúntate qué relación tienen con tus objetivos.
x   Haz una pequeña lista empezando por tus contactos más recientes e interesantes.

× Revisa el resto de la lista. Ataca a los contactos importantes y con los que hace tiempo que no te relacionas. Piensa en quién no conoces y te gustaría hacerlo, y cómo puedes llegar hasta él. Puedes pedir ayuda a alguno de tus contactos para que te facilite el acceso a esa persona que te interesa conocer. Siempre es más efectivo que alguien te presente, ya que actúa como tu avalador y da confianza a la otra persona.

Una vez tienes tu lista de contactos completa y ordenada, es el momento de ver cómo ampliarla de forma proactiva. Toma como referencia tus objetivos y piensa en lugares que podrías frecuentar para alcanzarlos como ferias, seminarios, congresos, conferencias, presentaciones y eventos sociales y profesionales.

Para iniciarte en el arte del *networking* te recomiendo que participes en eventos organizados por alguien especializado, puesto que te prestará apoyo para que conozcas perfectamente la mecánica de las presentaciones. Además, parte de su trabajo consiste en ofrecerte una información mínima del perfil de los participantes y una lista de personas con las que te puedes entrevistar.

Las asociaciones empresariales, cámaras de comercio, administraciones públicas, y otros tipos de organizaciones también suelen organizar eventos de *networking*. Antes de participar en la sesión es positivo que te informes sobre los asistentes, para identificar a las personas o empresas que quieres conocer, buscar referencias suyas —por ejemplo en su web—, y preparar el encuentro.

En general, y en la línea de lo que te acabo de recomendar más arriba, es necesario que te documentes y leas para estar al día de temas de posible conversación con personas con las que vayas a hablar. El conocimiento del contexto de la otra persona puede dar pie a que se sienta más cómoda y puedas crear un clima de confianza más rápidamente.

Si lo ves posible, relaciona a tus contactos entre ellos. Los buenos *networkers* tienen la capacidad de crear comunidad. Piensa en tu red y cómo puedes ser el nodo de comunicación entre otras personas. Seguramente te lo agradecerán y ello fortalecerá tu visibilidad como persona de referencia.

El *networking* es un hábito que debes integrar en tu día a día. Esfuérzate por tener los datos de tus contactos bien ordenados, actualizados y con posibilidad de filtrarlos por distintos criterios. Archiva rápidamente los nuevos miembros de tu red y las informaciones adicionales que te puedan ser útiles (aficiones, empatía, antipatía, empresas en las que trabajó anteriormente, miembro del mismo club que tú, etc.) e invítalos a tus redes sociales de internet.

Cómo manejar tu presencia pública con habilidad

Como te he sugerido en párrafos anteriores, es necesario que interactúes presencialmente en distintos escenarios. Por una parte, es interesante que formes parte de asociaciones de tu misma profesión, es decir, que compartas con tus iguales, y por otro lado, que te hagas visible ante tu público objetivo.

Foros corporativos: asociaciones, congresos y ferias

El desarrollo de la marca personal no solo se debe orientar a tu público objetivo, sino que también debes generar reconocimiento con personas de tu mismo ámbito. Tus compañeros de oficio pueden dar buenas referencias de ti y ese es uno de los mejores avales que puedes tener.

Por otra parte, la complicidad con otros compañeros puede dar pie a compartir sinergias con ellos, quizás podéis uniros para desarrollar proyectos de cierta envergadura, generar nuevos proyectos, etc. En este contexto, te recomiendo que formes parte de agrupaciones sectoriales, gremios, asociaciones de antiguos alumnos, etc. Estas comunidades son útiles, entre otras cosas, porque te ponen al corriente de temas técnicos de tu interés, nuevas legislaciones que te pueden beneficiar o afectar, etc. También son excelentes lugares para promover campañas sectoriales que den a conocer vuestra realidad al público general, publicitaros conjuntamente, etc.

Un ejemplo público y notorio de una asociación sectorial es la Academia del cine, donde actores, directores, productores y otros profesionales de este sector se unen para defender sus intereses ante las instituciones públicas y darse visibilidad, tanto en sus eventos (por ejemplo festivales, premios, cenas), como formando parte de sus órganos directivos. Otro ejemplo de colectivo son las asociaciones de comerciantes, donde los tenderos se unen para promover campañas conjuntas, como las rebajas, o para tratar y promover temas con la administración pública o el centro comercial donde estén situados, etc.

Los congresos representan otra forma pública de mostrar tu trabajo, compartir experiencias, conocer a muchas personas y reencontrar a otras que, por dispersión geográfica, son difíciles de ver en persona. En estos encuentros presenciales se generan sinergias que posiblemente sean difíciles de crear en otros formatos o momentos.

Las ferias son un gran escaparate para ti y uno de los más grandes escenarios de *networking*. Tanto si son ferias profesionales como para público en general, tienes una ocasión excepcional para conocer y relacionarte con otras personas y empresas en muy poco espacio y tiempo, de hecho, esta es la función de las ferias.

Antes de acudir al evento es necesario que planifiques detenidamente tus objetivos y cómo los vas a alcanzar. Investiga qué expositores, ponentes y visitantes asistirán para establecer citas y avanzar temas concretos a tratar. Por otra parte, prepara material de apoyo como catálogos, folletos, cartelería, promociones, etc. Si es una feria muy estratégica para ti, contacta con sus organizadores con tiempo (quizás un año antes de su celebración) para conocer sus objetivos y valorar si puedes colaborar con ellos, por ejemplo, como ponente en alguna charla.

Aprovecha la asistencia al evento para publicitar tu asistencia en tu blog y redes sociales. Es posible que, como resultado de tu anuncio, otros asistentes —conocidos o no— contacten contigo al saber de tu participación. Tanto si eres expositor como visitante, es necesario que te focalices en lo que puedes obtener en un lugar con tanto tráfico de personas, tu actitud debe ser totalmente proactiva.

Después de la celebración de la feria debes hacer un rápido análisis de lo que has obtenido (tarjetas de visita, nuevas entrevistas, posibles proyectos, solicitudes de información, etc.) y ver cómo sacarle rendimiento —es el momento de revisar tus objetivos con lo que has cosechado—. Organízate ágilmente para dar las gracias a todos tus interlocutores, hacer lo que has prometido en los encuentros y continuar con las relaciones. Tu imagen se va a ver reforzada o debilitada absolutamente con la gestión de la posferia. Evita retrasarte en las respuestas o los posibles éxitos que parecían conseguidos se esfumarán. Una vez has cumplido con todos los compromisos adquiridos, es el momento de hacer una valoración final para comprobar si el material de apoyo ha funcionado y si has conseguido los objetivos que te habías propuesto a corto plazo.

Demuestra lo que sabes en presentaciones, cursos, conferencias, ponencias y otros eventos

En general, la forma más efectiva de darte a conocer es demostrando lo que sabes. ¿Compras un producto o servicio sin saber para qué sirve? Es difícil captar la atención de las personas si no tienen un mínimo de información, de atracción hacia algo. Este es uno de los conceptos fundamentales a tener en cuenta, constantemente debes explicar y mostrar lo que eres y lo que haces. Aunque pienses que todo el mundo te conoce, siempre es positivo poner *las cartas sobre la mesa* de nuevo, es como un ritual sutil, un recordatorio que debe formar parte de tus automatismos de comunicación. Tómate un tiempo para pensar distintas formas de refrescar quién eres y qué haces, y huye de hacer un anuncio explícito, ya que esto sería totalmente contraproducente.

Para darte a conocer mediante tu forma de trabajar, existen unos recursos recibidos positivamente, son las demostraciones públicas. Debes tener cuidado en su planteamiento, porque muchas personas no están dispuestas a asistir a una presentación si es exclusivamente comercial. Debes tener la habilidad de ofrecer algo a cambio de su presencia, es imprescindible que te mentalices en orientarlo como una actividad informativa, aunque debes tener preparado el argumentario de venta por si alguien está interesado en conocerlo.

El objetivo de las demostraciones consiste en dejar tu marca en la mente de las personas, para que cuando te necesiten de verdad, tengan una imagen lo suficientemente positiva de ti y te contacten. Se trata de un enfoque de comunicación de relaciones públicas.

Existen gran cantidad de eventos formativos, conferencias, seminarios... donde puedes dar muestras de tus conocimientos. ¿Cómo saber en cuál participar? ¿Cómo seleccionar ante tal cantidad de oferta? Mi experiencia me lleva a ciertas reflexiones que debes tener en cuenta:

- ¿Qué sabes de los organizadores del evento? Analiza quiénes son, qué reputación tienen, sus contactos, su imagen de marca, etc.
- ¿Cuál es su público? Este público debería coincidir con tu público objetivo.
- ¿Qué repercusión quieren dar al evento? Aunque parezca increíble, hay ocasiones en que se organizan eventos

sin hacer difusión y sin controlar la recepción de la información de la convocatoria. La consecuencia más habitual es que el evento se tenga que cancelar o que la asistencia sea bajísima, por la falta de seguimiento de la cita. Trata de colaborar con personas serias y que concreten su empeño en la asistencia. Una baja participación será mal percibida y puede afectar a tu reputación (falta de capacidad de convocatoria). Por otra parte, tu esfuerzo debe ser recompensado con un público mínimo.

× ¿Qué mecanismos de participación prevén para los posibles colaboradores? Solicita tu participación o contacta directamente con los organizadores del evento para que te faciliten más detalles.

× ¿Dispones de información pormenorizada del evento? Es indispensable que conozcas el lugar de celebración, idioma, temática específica a tratar, etc.

× Avanza paso a paso. Es recomendable empezar por eventos modestos e ir incrementando el nivel y la calidad de los mismos, a medida que tu experiencia y saber hacer vayan aumentando.

× Prepara a fondo tu presentación. El resultado general correlaciona con el esmero y la ilusión con que la has preparado. Evita tratar temas de los que no seas experto —pueden debilitar tu imagen—, o que no te posicionen en tu marca personal. Haz un esquema de lo que vas a tratar y llénalo de contenido. Ensaya la charla para controlar el tiempo que te han dado, emplea técnicas de hablar en público para que los asistentes te sigan correctamente —pon atención al nivel de comprensión del público— y para que no se aburran. Grábate en vídeo y haz pruebas ante personas de confianza. Todo ello te va a dar seguridad y garantizará un buen resultado.

× Como he mencionado anteriormente, estás en un contexto de relaciones públicas, así que evita la autopromoción explícita y céntrate en mostrarte como un experto. Utiliza tu experiencia como ejemplo si encaja en la charla, no como escaparate de tus logros. Es necesario comprender que los asistentes al evento te regalan su tiempo, su objetivo es escuchar para aprender de una temática concreta, así que concéntrate en ofrecer valor.

Si se te da bien expresarte en público y te gusta, puedes utilizarlo en tu favor dando clases en alguna escuela u otra entidad, eso te referenciará como experto y, a la vez, te dará a conocer a muchísimas personas interesadas en el tema y que pueden hablar de ti. Las conferencias tienen el mismo uso, aunque a diferencia de la formación, suelen ser intervenciones puntuales. En cualquier caso, estas herramientas son una estrategia de venta excelente porque a corto, medio y largo plazo te proporcionarán nuevos clientes.

Existen otros ejemplos de demostración mucho más directos y que podrían entrar en el campo del patrocinio. Por ejemplo, si eres fisioterapeuta orientado a deportistas, puedes dar pequeños masajes al final de carreras atléticas populares para que los posibles clientes experimenten tu servicio. Al tiempo que te cobijas bajo una organización mayor, que se encarga de difundir el evento para atraer público, patrocinas un espacio y obtienes visibilidad de la comunicación del acto, además de tener en tus manos a posibles clientes.

Como ves, se trata de ser creativo en la manera de dar muestras gratuitas de tus habilidades directamente al público objetivo y sacarle un rédito. Por ejemplo, puedes aprovechar los minutos que estás con las personas que reciben tus muestras para conversar con ellas relajadamente —evita los interrogatorios, son absolutamente molestos— y detectar sus necesidades. Esta información te resultará muy útil para enfocar correctamente tu comunicación y modelar tus servicios.

La visibilidad en los medios de comunicación tradicionales

La difusión de tu marca personal en el ámbito de las relaciones públicas se puede extender a los medios de comunicación tradicionales. ¿Has pensado en participar en algún programa de televisión o radio como tertuliano o experto? Es posible que en alguna ocasión ya hayan requerido de tu colaboración. Ahora se trata de valorar si tu actividad puede necesitar de una presencia continuada en algún medio. Seguro que te has dado cuenta de que las tertulias de los medios de comunicación están formadas por periodistas y otros profesionales. Analiza si verdaderamente puede ser útil el esfuerzo de llegar hasta allí, y si el espacio de colaboración va a reforzar tu imagen, o bien, la va a debilitar.

Si crees que es una buena idea, tendrás que darte a conocer a los principales periodistas que cubren la información relacionada con tu ámbito de actuación o aquellos generalistas que requieran un perfil como el tuyo. Establece relaciones, ofréceles ayuda e intenta colaborar con ellos. Aparecer en los medios de comunicación como parte de la noticia o en una entrevista relacionada con tu especialidad es una increíble acción de *marketing* para tu marca personal.

La colaboración en los medios, además de darte notoriedad, te da credibilidad y te legitima. No es lo mismo tener presencia mediante publicidad de pago, que una entrevista o una colaboración profesional en la que el medio de comunicación acude a ti como experto. Seguro que en tu área geográfica de actuación existen medios de comunicación generalistas o especializados que tienen que llenar de contenidos sus espacios y necesitan tu ayuda. Incluso te puedes atrever a más y tratar de tener un espacio propio en un programa.

En la misma línea, es muy interesante que contribuyas en foros y comunidades virtuales relacionadas con tu ámbito profesional. Participar en ellos, compartir tu experiencia y conocimientos puede darte notoriedad y credibilidad, además de relacionarte con personas muy interesantes para tu actividad profesional. Es importante que la colaboración tenga continuidad.

Artículos especializados

Escribir artículos especializados te posiciona de nuevo como experto. Si te decides por ello será necesario que hagas una lista de temas y medios que puedan estar interesados. Es importante que te informes sobre el público objetivo y la difusión de estas publicaciones, además de su línea editorial.

Te recomiendo que empieces por pequeños textos vinculados a tu especialidad. Muéstralos a tus conocidos, solicita *fee-*

dback, corrígelos, mejóralos... Después de esto, contacta directamente con diferentes medios locales o sectoriales. Estoy convencido de que si tu artículo tiene un mínimo interés, tienes posibilidades de verlo publicado. Y si se te da bien y gusta tu temática, puedes tratar de tener una sección fija en una publicación.

Libro o manual

Escribir un libro o un manual sobre tu ámbito de especialidad supone un grado de complejidad mucho mayor a la redacción de un artículo, aunque los beneficios que aporta a tu marca personal son superiores. La escritura de un libro presenta básicamente dos grandes ventajas para ti. En primer lugar, te obliga a ordenar y afinar ideas. Y en segundo lugar, es una gran excusa para continuar formándote y adquiriendo conocimientos sobre tu tema.

Si apuestas por escribir un libro, debes empezar pensando en qué quieres comunicar, cuál es el mensaje y qué público objetivo tienes. Después, debes ordenar las ideas y organizar la estructura. Te recomiendo que construyas este esqueleto con mapas mentales, que te permitirán organizar y relacionar fácilmente los principales conceptos que van a formar parte del libro.

Escribir un libro requiere tiempo y concentración. Paralelamente tendrás que buscar un buen editor y convencerle de la oportunidad de tu mensaje. Si no encuentras editor, puedes recurrir a una autoedición en una plataforma de internet.

Es importante de que seas consciente que el libro no es un fin en sí mismo, sino que es un medio, es una herramienta más. Cuando lo tengas casi listo, empieza el trabajo de promoción, que es lo que va a crear la sinergia de difusión que persigues con tu marca personal. Será el momento de alinear la promoción del libro con la estrategia de tu marca. En esta fase tendrás que realizar presentaciones, promocionarte en prensa, ser más activo en las redes sociales, etc. El libro será tu carta de presentación, y a su alrededor tendrás que desarrollar la campaña de promoción.

Herramientas de apoyo a tu comunicación: *curriculum vitae* y carta de presentación

A pesar de que existen un buen número de soportes para dar a conocer tu perfil, el *Curriculum Vitae* (cv) fue uno de los elementos más importantes en el mundo analógico y todavía sigue manteniendo su vigencia. Las funciones del currículum son diversas y fundamentales. Ofrece información fidedigna para contactar contigo y expone tu formación, experiencia y habilidades. Por otra parte, sirve para llamar la atención de quienes lo leen con un objetivo para ti: entrar en una selección de personas o conseguir una entrevista.

El currículum es una gran herramienta de presentación para la marca personal y, por tanto, debe estar muy bien planteado. En el contexto actual de escasez de tiempo, debe ser un documento de fácil lectura y que dé a entender, de un vistazo, quién y cómo eres. La extensión del currículum es de una sola página, dos como mucho.

Sé creativo, sorprende, y si es necesario, pide ayuda a un diseñador. Como ya he explicado anteriormente, la diferenciación es fundamental en la marca personal y, obviamente, en su comunicación. Imagina que fueras un reclutador, que tienes varios currículums sobre la mesa —o cientos en tu computador— y poco tiempo para leerlos. ¿Cuáles seleccionarás? Es posible que te centres en los más leíbles, claros y concisos. Reflexiona sobre ello.

Existen dos fórmulas de presentación de un currículum clásico:

× **Por orden cronológico:** se basa en ordenar la experiencia profesional y la formación por orden cronológico, de lo más actual a lo más antiguo. En este modelo destacan las empresas donde has colaborado.

× **Por competencias:** en este caso se trata de ordenar la información por habilidades y se usa cuando quieres destacar tu experiencia. Será útil presentarlo así para facilitar la selección a personas que estén buscando proveedores o empleados con un perfil muy concreto.

Es aconsejable que retoques tu currículum para adaptarlo a la necesidad de quien lo tiene que recibir. La intención es que tu interlocutor pueda observar rápidamente lo que está relacionado con su interés.

Puesto que estamos centrados en tu marca personal, será interesante que uses el cv que destaca tus experiencias y habilidades, ya que te permite reflejar fielmente lo que la define a través de tu especialización y logros. No obstante, si acabas de finalizar tus estudios, te recomiendo el cv cronológico.

A continuación te voy a citar rápidamente los conceptos que tienen que aparecer en el currículum, tanto si es clásico como creativo:

- **Encabezamiento – datos personales:** En este apartado debes incluir tus datos básicos a nivel personal. El primer dato es el nombre y apellidos, que deben aparecer destacados (con un cuerpo más grande que el resto de texto y negrita). A continuación debes reflejar lugar y fecha de nacimiento, dirección actual, correo electrónico, teléfono (preferiblemente el móvil y si tienes, el de tu domicilio) y una fotografía reciente y de tamaño carné.

    Debes evitar direcciones de correo electrónico poco serias o que no den una imagen de profesionalidad. Lo mismo con tu fotografía.

- **Perfil y objetivo:** En este apartado debes definir, en una línea, tu perfil, que servirá como preámbulo al objetivo que quieres alcanzar. A continuación es necesario que expreses de forma clara y precisa: tipo de empleo/colaboración que deseas conseguir, tipo de empresa en la que te gustaría trabajar, tu habilidades o puntos fuertes que coinciden con el puesto que solicitas, y el progreso que deseas conseguir en el transcurso del tiempo.

- **Experiencia profesional:** Si tu currículum es cronológico, debes presentar tu experiencia de la más reciente a la de mayor antigüedad. Te aconsejo incluir responsabilidades profesionales y relacionadas con el ámbito profesional en el que deseas moverte. Además, también incluiría primeros trabajos o becas si tienen vinculación con lo que quieres obtener, o bien, si tienes poca experiencia. Por ejemplo, quizás empezaste realizando prácticas en una empresa relevante. Aunque fueras el chico de los recados te pusiste en contacto con una organización y una cultura que tienen un importante valor de mercado y que te aportaron unas relaciones.

Para cada uno de los puestos de trabajo que incluyas en el cv, debes indicar:

- Cargo y nombre de la empresa (puedes añadir una muy breve descripción de la empresa, así como el enlace a su página web).
- Ciudad, provincia y país donde se ubica la empresa en la que trabajas o has trabajado/colaborado.
- Fecha de inicio y finalización. El formato más aconsejable es mes y año (no es necesario poner el día en concreto).
- Una breve descripción de tus responsabilidades (volumen de facturación, personas a tu cargo...) y también te aconsejo que incluyas los logros más importantes que conseguiste (lanzamiento de un producto, aumentar la facturación y/o rentabilidad en un x%, etc.).

Aquí tienes un posible ejemplo de descripción de experiencia profesional si el currículum fuera por competencias:

Creación de negocios de comercio electrónico

- Creé una línea de negocio de venta de imágenes a través de *internet*, aprovechando sinergias con la empresa matriz. Inversión inicial de 113.000 € y 3 personas a mi cargo.
- Diseñé y ejecuté el plan de empresa, plan de *marketing* y todos

los procesos administrativos y de servucción. Seleccioné, contraté a los colaboradores y los formé.

- Conseguí una subvención para el lanzamiento del negocio.

Continuando con el currículum por competencias, después de reflejar tus experiencias debes hacer una lista con tu historial laboral, incluyendo las empresas donde has colaborado por orden cronológico inverso, años de colaboración, y nombre del puesto que ocupaste.

- **Educación:** En este apartado debes incluir tus títulos formativos, de más importantes a menos (incluye las fechas). Puedes citar los títulos en curso, especificándolo claramente.

- **Actividades, honores, premios y reconocimientos:** Este apartado solo debe aparecer si es relevante para tu interlocutor o para lo que quieres conseguir.

- **Secciones adicionales:** Existen informaciones que pueden ser apreciadas por tus interlocutores, por ejemplo, tus conocimientos informáticos, idiomas, publicaciones o asociaciones a las que perteneces.

Cuando escribas tu currículum revisa la ortografía y la sintaxis. Un texto lleno de errores da una imagen de dejadez y puede ser desestimado fácilmente.

La carta de presentación

La carta de presentación es un gran complemento al currículum vitae. Aunque su uso ha ido decayendo en los últimos años, muchas empresas todavía la solicitan. Hoy en día suele estar sustituida por el correo electrónico que acompaña a tu currículum. Veamos cuáles son los elementos de esta presentación:

Saludo: La carta de presentación debe ir dirigida a la persona con la que te interesa hablar.

Introducción: En este punto de la carta de presentación, el objetivo básico es llamar la atención de la persona que te puede contratar o con la que quieres contactar.

Debes presentarte y explicar el objetivo de la carta. Si respondes a un anuncio, incluye la referencia.

Cuerpo: Concreta qué ofreces (logros, experiencia...) y qué habilidades y capacidades tienes para desarrollar las funciones del puesto de trabajo. Argumenta por qué necesitan contratarte o recibirte en una reunión.

Cierre: Muestra tu interés por mantener una entrevista y solicítala.

Debes terminar con algún cumplido o saludo próximo y con tu propia firma.

Otras consideraciones a tener en cuenta son: utiliza siempre un lenguaje claro y conciso, cordial y respetuoso. Apuesta por frases cortas y sencillas, en párrafos cortos y separados. Utiliza verbos de acción. Y por último, da una imagen positiva y evita provocar lástima.

El vídeo-cv

El vídeo-cv, como su propio nombre indica, consiste en aprovechar el potencial del vídeo para presentar brevemente tu *Curriculum Vitae*. Permite beneficiarte del potencial de un elemento multimedia como es el vídeo para explicar quién eres, cuáles son tus competencias, qué necesidades puedes satisfacer en el mercado, por qué deben confiar en ti, puedes hacer pequeñas demostraciones, etc. Además de todas estas ventajas, se trata de un formato que crece exponencialmente, básicamente apoyado en las plataformas de vídeos de internet y de las redes sociales profesionales que dedican espacio a los vídeo-cv.

A continuación te doy unas recomendaciones básicas para que puedas preparar tu vídeo-CV:

- Antes de empezar a grabar debes preparar un buen guión. Seguramente es la parte más difícil y en la que emplearás más tiempo.

- Otro aspecto básico a tener muy en cuenta es la duración. Te aconsejo una duración máxima de unos dos minutos aproximadamente. Las estadísticas de las plataformas así lo indican.

- También suele ser muy interesante que visiones otros vídeo-cv antes de empezar con el tuyo.

- Como hemos comentado anteriormente, un aspecto muy importante a tener en cuenta es la imagen personal.

- Graba el vídeo ante un fondo neutro y evita ruido de fondo.

× La creatividad es muy importante y juega un papel relevante en la elaboración de un vídeo-cv. No te limites a leer tu cv tradicional, innova, cuenta tu trayectoria y tus habilidades de forma diferente, sorprende a tu audiencia. ¡Piensa en audiovisual! Los anuncios de televisión son una gran escuela, explican grandes historias en menos de un minuto. Aprende de su creatividad y trata de adaptarla a tu cv. Sorprender es una obligación.

La imagen personal también comunica

Un aspecto fundamental en la comunicación de la marca personal es la propia imagen personal. La imagen es la percepción que los demás tienen de ti. Representa la manera con la que quieres relacionarte con los demás. Y cuando me refiero a imagen personal, no aludo únicamente a la forma de vestir, sino a un concepto mucho más amplio que incluye la postura, los movimientos, los rasgos físicos, la mirada, la forma de hablar, la higiene, la cortesía, la educación, etc. En definitiva, un estilo de vida, y una forma de ser y actuar determinada.

La imagen personal juega un rol realmente significativo en el ámbito de la marca personal. Debes causar una buena impresión desde el primer momento, es difícil remontar una primera mala experiencia en segundas oportunidades. Es importante ser consciente de que si trabajas para una empresa, tu imagen es la imagen que proyecta la empresa. Y si trabajas por tu cuenta, tu imagen es, si cabe, todavía más importante.

La imagen también incide en la actitud. Una buena imagen aumenta la confianza de la persona en sí misma, puesto que emite positividad a sus interlocutores y estos habitualmente perciben favorablemente esa confianza y se comportan recíprocamente.

Así pues, un buen ejercicio consiste en que te detengas a pensar en tu aspecto actual. Obsérvate, habla con tus familiares, allegados, compañeros de trabajo, etc. Identifica personas sinceras que se presten a describir cuál es la imagen que perciben de ti en la actualidad. Toma nota de sus opiniones, sin juzgar ni defenderte, solo escuchando o pidiendo aclaraciones si sus opiniones son inespecíficas. Agradéceles sinceramente su colaboración y fortalecerás vuestra relación.

En cuanto tengas la información de cómo te ven y qué es lo que no se ajusta a tus intereses, define qué imagen desearías proyectar. Te aconsejo que apuestes por una evolución, no por una revolución. Solicita de nuevo colaboración a tu entorno, para que te propongan aspectos de mejora y para que opinen sobre qué puedes adaptar de personas que representan un modelo para ti. Con el fin de realizar un trabajo más preciso, a continuación te doy unas pequeñas pautas sobre lenguaje no verbal.

La comunicación no verbal

A partir de unos experimentos sobre actitudes y sentimientos, el psicólogo norteamericano Albert Mehrabian concluyó que el impacto de la comunicación en las personas se rige por los siguientes parámetros: cuando hablamos, las palabras representan un 7% del total de la comunicación, la voz y el tono que usamos representan un 38% y el restante 55% corresponde al lenguaje corporal. Son unos datos para reflexionar.

Es obvio que debemos utilizar la comunicación no verbal con habilidad, aunque en ocasiones, es un lenguaje difícil de transmitir por posibles diferencias en los patrones culturales y educacionales.

De cara a tu presencia pública te presento algunos aspectos del lenguaje corporal que debes tener en cuenta:

× **La expresión facial:** La cara es tu fuente de comunicación no verbal más importante. Es también el elemento más visible. La gran mayoría de personas interpreta las expresiones faciales. En este sentido te recomiendo que te observes para conseguir que tu expresión facial sea coherente con lo que estás diciendo. Te puedes dar cuenta de la importancia de la comunicación facial silenciando el volumen de tu aparato de televisión y tratando de interpretar a las personas que hablan.

× **La mirada y el contacto visual:** Tu mirada y el contacto visual que estableces con las personas pueden transmitir cosas distintas. Si la mirada es fija y agresiva suele significar que estás en desacuerdo. Si frunces el ceño, sueles transmitir duda o que estás muy concentrado. Si tienes la mirada perdida significa que ya has tenido suficiente. La mirada achinada suele demostrar interés. Por el contrario, si la mirada está adormilada o marchita, vas a transmitir cansancio, desacuerdo o aburrimiento. Finalmente, si parpadeas o mueves los ojos de forma continua vas a transmitir nerviosismo.

- **Los movimientos de la cabeza:** En nuestra cultura, los movimientos de la cabeza de arriba abajo significan afirmación o estar de acuerdo con lo que se está hablando. Movimientos de lado a lado significan negación o desacuerdo. Poner la mirada de lado, demuestra curiosidad, interés o duda. El hecho de alzar la cabeza suele transmitir confianza. Por otra parte, mantener la cabeza alta demuestra sentimiento de superioridad. Finalmente, mover la cabeza hacia abajo suele transmitir una actitud negativa.

- **Las gesticulaciones con manos y brazos:** Son, junto a la entonación, muy importantes para transmitir una imagen de persona fría o mecánica. En este sentido, debes evitar gesticulaciones agresivas, como señalar con el dedo, dar un golpe de manos, etc. También te recomiendo evitar gesticulaciones que se interpretan defensivas como tener los brazos o las piernas cruzadas. Cuando das la mano, lo debes hacer de forma firme y decidida, y sin lastimar, con pocos movimientos de arriba abajo y siempre acompañados de palabras de presentación y cortesía. Es importante que conozcas las costumbres de las personas con las que te vas a relacionar, puesto que existen culturas donde los hombres no pueden tocar a las mujeres o mirarlas a los ojos. Si tienes que establecer relaciones con personas de culturas lejanas o de religiones distintas a la tuya, es mejor que te informes sobre sus normas de cortesía.

- **La postura corporal:** Indica mucho sobre cómo te sientes contigo mismo y frente a los demás. Es importante estar relajado y mostrar cierto tono. Te aconsejo que evites sentarte con dejadez, caído, ya que demuestra falta de confianza y de disciplina.

- **La distancia interpersonal:** Debes mantener siempre el espacio vital; suele ser de unos 50 centímetros alrededor de una persona. Solo puedes traspasar este espacio vital en caso de mucha confianza. El espacio personal que debemos mantener cuando estamos conversando con alguien suele ser de, aproximadamente 1,2m (equivalente al brazo extendido). En cuanto a la orientación, lo más normal es sentarse frente a frente, ya que favorece el diálogo. Para no caer en informalidades o errores protocolarios, y como he comentado anteriormente, será necesario confirmar que nuestros interlocutores forman parte de nuestra cultura o la conocen bien y se rigen por los mismos parámetros que nosotros.

- **La higiene corporal:** La higiene engloba diferentes elementos del aspecto personal a los que debes prestar especial atención. El pelo debe estar siempre limpio, bien peinado, sano y brillante. Los dientes deben mantenerse limpios y blancos, y el aliento fresco (atención a los fumadores). Las manos deben estar siempre limpias y bien cuidadas, y las uñas bien aseadas. Tener unas uñas mordidas ofrece una mala imagen de ti mismo. Los hombres siempre bien afeitados, y si llevan barba que esté bien arreglada. Cuida la piel, intenta que esté siempre bien hidratada y limpia. Evita el molesto olor a sudor (algo que algunas personas olvidan). Utiliza perfumes suaves para no molestar a los demás (más de uno ha padecido ahogo en el ascensor). Y si llevas gafas, trata de que sean actuales, estén limpias y bien conservadas.

x **El vestuario:** La ropa depende de muchos aspectos: el sector en el que trabajas, la empresa, el tiempo y la estación, el estatus, la edad y también factores personales. Sean como sean estos factores, intenta siempre utilizar un vestuario que contribuya a comunicar la imagen que quieres transmitir. Por ejemplo, si eres un creativo de publicidad, nadie se va a extrañar si vistes pantalón corto y chanclas en verano, incluso puede resultar extraño si vistes de manera formal. Si eres ejecutivo, será necesario que vistas un traje elegante y con una corbata distintiva, ya que es el elemento que te permite dar un toque personal y que hará que las otras personas te recuerden.

Para conseguir la mejor proyección pública de tu imagen existen profesionales que te pueden asesorar, tanto en el peinado y vestido, como en tu voz, la dicción, la expresión, etc. Incluso puedes tomar clases de teatro, puesto que te harán consciente de cómo te mueves y cómo puedes mejorar tu puesta en escena.

7. *Personal branding* 2.0

Internet y las redes sociales están revolucionando la forma en cómo nos comunicamos, en cómo nos comportamos, cómo compramos... Esta revolución supone también un gran cambio para la gestión de la marca personal. Los individuos tienen más posibilidades que nunca de darse a conocer, promocionarse y conseguir notoriedad con poca inversión, lo que hace bien poco era impensable. En esencia, se trata de trasladar lo que haces en el mundo *offline* al mundo *online*: networking, currículum, comunicación de logros, etc.

¿Por dónde empiezo?

Esta es una de las primeras preguntas que cualquier persona se plantea cuando decide lanzarse al mundo 2.0 para potenciar su marca personal. Te recomiendo que revises los pasos generales que hemos visto anteriormente:

- **Ten claro el objetivo:** Sin duda es uno de los aspectos más importantes. Si has trabajado bien la etapa de planificación estratégica, ya has determinado tu objetivo principal.
- **Define tu estrategia:** Para alcanzar tu objetivo, desmenúzalo en pequeños objetivos, piensa qué caminos seguirás para alcanzarlos y adáptalos al entorno digital.
- **Escoge las herramientas apropiadas:** Estudia qué herramientas pueden ser las más útiles para alcanzar las metas que te has fijado.
- **Empieza a trabajar:** Está bien que te formes, que plantees tu estrategia y tus objetivos, pero la mejor forma de co-

nocer el entorno 2.0 es aventurarte y empezar a trabajar en él.

× **Escucha, revisa y reajusta:** Continuamente debes escuchar, revisar y reajustar tu estrategia. Por escuchar me refiero a ir monitorizando y controlando tus resultados y tu presencia en la red. Es un mundo muy cambiante porque continuamente aparecen nuevas herramientas, tendencias, utilidades, etc. Evita abrumarte por ello y concéntrate en los resultados que quieres obtener.

La web personal

La web personal es tu escaparate y puede ser vista a cualquier hora y desde cualquier lugar del mundo. Es esencial que sea fácil de consultar y entender (evalúa si es necesario traducirla a otros idiomas). Crear y mantener un sitio web personal es imprescindible para muchas personas y negocios. Lo primero que te recomiendo, si no lo has hecho todavía, es que compres el dominio que mejor encaje con tu marca personal. En este sentido, apuesto por una combinación entre nombre y primer apellido del tipo: www.nombreapellido.com, o bien, el nombre de tu marca. Si tu nombre no estuviera disponible, busca y estudia la mejor combinación posible: incluye tu segundo nombre o tu segundo apellido, algún guion...

En cuanto al dominio, reflexiona sobre cuál puede ser la mejor opción para tu marca. Puedes comprar el dominio de país (por ejemplo, .es, .mx, .co, .pe, etc.), aunque para un negocio o marca puedes usar otros más orientados a tu actividad. Por ejemplo, .biz para negocios, .info para información,

.name para personas, .travel para turismo o .com actualmente genérico, aunque empezó siendo el dominio de *compañía*.

El precio de los dominios es bastante económico, así que te sugiero que compres varias combinaciones de tu nombre si están disponibles. De esta manera, evitarás que otras personas publiciten productos que podrían distorsionar tu imagen, o bien, que sean más visibles que tú en los buscadores y entonces tus clientes crean que no estás en la red. Para comprar tu dominio, entra en tu buscador habitual de internet y verás numerosas webs que ofrecen dominios a distintos precios.

La gran ventaja de la web personal es que te permite ordenar, en un solo lugar, la información que quieres proporcionar sobre ti. Es la plataforma más veraz de comunicación, porque eres tú mismo la principal fuente de información y permite que integres otros elementos como el blog, tus mensajes de Twitter, una tienda electrónica, etc. Por otra parte, la web es una gran herramienta de visibilidad, puesto que permite que te encuentren a través de cualquier buscador.

La creación de la web supone una inversión inicial en diseño y un coste de mantenimiento. Hoy en día existen muy buenos profesionales que te pueden ayudar en el diseño de tu página a unos costes muy accesibles. La ventaja de trabajar con un profesional reside en que puedes apoyarte en él para diseñar aquello que necesitas, evitando aspectos superfluos o poco prácticos para la navegación de tus usuarios. Recuerda que el objeto de tu web no es tu lucimiento, sino servir lo mejor posible a tus visitantes y público objetivo.

Antes de diseñar tu web, visita otras webs que comuniquen claramente, que sean de tu mismo ámbito, o de otros sectores y que estén bien diseñadas. Debes crear un esquema de lo que quieres comunicar y filtrarlo hasta que quede un mensaje sencillo y fácil de entender. Recuerda que puedes jugar con fotografías, dibujos, colores y otros elementos multimedia que dan una información de contexto que entra directamente en la mente de las personas, y que te permitirán explicarte con unos textos muy cortos —«una imagen vale más que mil palabras»—. Es importante que la información que incluyas sea de calidad y bien elaborada.

Si entras en mi web verás la sencillez con la que trabajé con el diseñador. En primer lugar, ubiqué mi nombre y mi especialidad («Apasionado por el liderazgo, el *marketing* y la marca personal»). El otro elemento visible en la pantalla inicial —*home*— son las pestañas o apartados de la web y, que a su vez, son una presentación sobre mí, mis actividades profesionales, mis opiniones y mi contacto: Sobre mí, Consultoría, Docencia, Conferencias, Blog y Contacto.

Observa también, cómo la parte gráfica me ayudó a mostrar un clima de profesional dedicado al *marketing*, a la docencia y a la divulgación, y que, sin grandes textos, conseguimos comunicar mis actividades y mi manera de ser.

En el caso de que decidas incluir un blog en la web, como yo hice, será necesario que redactes tus pequeñas publicaciones —*post*— con cierta frecuencia. Es difícil decirte con qué cadencia debes escribir, ya que dependerá de tu tipo de negocio y del tiempo que le puedas dedicar. Quizás una vez al mes sería recomendable para mantener a tu público informado y evitar cansarlo. Si realmente no tienes tiempo para escribir o no sabes qué decir, es mejor que no tengas un blog, ya que la falta de *posts* dará sensación de dejadez. Y si, por el contrario, tienes facilidad para escribir, te gusta y tus mensajes tienen interés para la audiencia, deberás hacer lo posible para difundir tus textos. En ese caso, será interesante que permitas que tus visitantes se inscriban en tu blog para recibir tus reflexiones automáticamente, que los distribuyas por otras redes como Twitter y Facebook, y que tengas relaciones con otras webs para que publiquen tus contenidos.

Si tu presupuesto es muy bajo, cabe la posibilidad de que diseñes tú mismo tu web con plantillas predeterminadas, aunque el resultado será menos personalizado. Existe otra opción para crear tu página personal, que consiste en registrarte en una plataforma de creación de páginas personales como about.me, que es un híbrido de web y red social.

Algunos consejos para publicitar tu web consisten en utilizar un correo electrónico relacionado con tu dominio. Es la mejor forma de recordar y promocionar tu página. Si tu dominio es www.nombreapellido.com te recomiendo un correo tipo nombre@ o iniciales@nombreapellido.com. Por otra parte, resulta fácil vincular tu cuenta de correo personal con correos genéricos como Gmail o Outlook.

También te sugiero que incluyas tu dirección en la firma de tus correos electrónicos —esta estrategia facilita notablemente la llegada de visitantes a tu web—, y que incluyas el nombre de tu web en las redes sociales.

En cuanto tengas tu web en marcha, y después de unos días de prueba verifiques que todo funciona y que es fácilmente comprensible, manda un correo electrónico a tus contactos informándoles de su entrada en funcionamiento y de lo que pueden encontrar allí. Esta comunicación es muy importante para ti, imagínala como el gran estreno de una película. Recopila y revisa las direcciones de todos tus contactos, es importante que todo el mundo reciba la información al mismo tiempo para evitar conflictos y alinear la comunicación. Crea un *asunto* que cause curiosidad para que el máximo número de personas abra tu correo y redacta un correo corto, rápido de entender y con un propósito claro. Por otra parte, apóyate en las redes sociales para dar a conocer tu estreno y pide a personas de confianza que hablen de ello.

La visibilidad del experto: el blog

El blog, junto a otras herramientas que desarrollaremos más adelante, te posiciona en el nivel de experto. Imagina que necesitas los servicios de un profesional, ¿cómo lo eliges? Es posible que preguntes a algún conocido para tener referencias de alguien en quien confías, y también es posible que busques en internet, para identificar a alguien que cumpla con los requisitos que te has fijado y que esté a tu alcance.

Si optas por la búsqueda en internet, vas a hallar referencias de personas y empresas que se alojan en distintos canales: webs personales, blogs y redes sociales. Puesto que buscas una información concreta y de calidad —quieres colaborar con un profesional ajustado a tus necesidades— seguramente vas a consultar su web para ver qué ofrece y vas a leer su blog para conocer su nivel de conocimientos y experiencia. Si por ejemplo, buscas un médico especializado en podología y localizas un blog de un profesional que periódicamente escribe pequeños artículos divulgativos e interesantes sobre el tema, seguramente te va a dar confianza, creará una vinculación emocional en tu mente, y si te convence, vas a tratar de contactar con él. El posicionamiento como experto de este profesional, su claridad, y la diferenciación respecto a otros le dan una visibilidad de gran calidad, por encima de la media. En definitiva, su trabajo de relaciones públicas y comunicación habrá conseguido uno de los resultados deseados, que otras personas quieran contratar sus servicios.

El blog personal es una especie de diario en el que se escriben periódicamente contenidos de interés, que además pueden ser comentados por los lectores. La diferencia con la web personal radica en que esta únicamente ofrece información estática y unidireccional —de ti a los lectores—. Como he comentado, hay la posibilidad de que el blog esté alojado en la web, pues son dos canales complementarios. Si no tuvieras web personal, incorpora en el blog un apartado que hable sobre ti y redáctalo de forma concisa y atractiva.

Además de darte visibilidad como experto, el blog aporta calidad, pues ofrece información veraz sobre ti porque tú eres quien la emite. Aprovecha ese espacio para conducir a tus lectores hacia tu especialidad. Por ejemplo, si eres odontólogo especialista en implantes, puedes tratar temas generales como la higiene dental, además de los específicos de tu área de actuación.

Adicionalmente a la información y al posicionamiento como experto, el blog permite mostrar proyectos en los que participas. Imagina que eres un arquitecto, puedes ir relatando momentos clave del desarrollo de una obra e ilustrarlo con espectaculares fotos o vídeos. Es un gran escaparate.

El blog tiene otra cualidad enorme, es el archivo de tus contenidos. Así, aunque haga tiempo que has publicado tus *posts*, siempre se podrán recuperar en tu blog o a través de los buscadores de internet, aportándote visibilidad a lo largo del tiempo. Para que estos escritos aparezcan como resultados en los buscadores, es necesario que, en el momento de redactar los *posts*, especifiques todas las palabras clave relacionadas con los textos.

Otra ventaja de los *posts* es que son contenidos que se pueden difundir fácilmente a través de otras redes de tipo más efímero. El resultado es que puedes llegar a muchísimas más personas. También puedes incluir un apartado de suscripciones en tu blog, para que tus seguidores reciban tus textos automáticamente en el momento de su publicación y ya cuentes con una audiencia inicial.

Antes de crear tu blog personal te recomiendo que explores y te familiarices con otros blogs afines o de profesionales a los que admiras y respetas. ¿Estás listo para crear tu blog? ¿Sabes cómo? Existen muchas plataformas gratuitas de fácil gestión donde crearlo. Algunas de las más conocidas son Blogger, perteneciente a Google, y Wordpress, algo más sofisticada. Explóralas y decide cuál es la más práctica para ti.

Una vez has creado tu blog, es el momento de pensar en los contenidos. Aunque parezca algo muy erudito o inalcanzable, realmente es una tarea fácil si sabes cómo organizarla. Aquí tienes una sencilla pauta para empezar:

1   Elabora una lista de posibles temas generales de tu especialidad y de interés para tu público.

2   Haz otra lista con eventos que se celebran anualmente y en los que participas o sigues. Por ejemplo, entrega de premios anuales de tu sector, informes de importantes empresas y consultorías, etc. Si fueras experto en marketing 2.0, comentarías los informes de Google y otros operadores sobre los hábitos de los usuarios de internet.

3   Piensa si puedes crear algún tutorial sobre un proceso concreto. Por ejemplo, si te dedicaras a las redes sociales, podrías explicar cómo crear tu propio blog. Este tipo de explicaciones prácticas suelen tener mucha aceptación en internet y generan muchas visitas a quien las publica.

4   ¿Tienes algún proyecto en curso? El blog es un buen lugar para difundirlo. Si fueras diseñador de interiores podrías enseñar el antes y el después de tu proyecto, y cómo lo has realizado.

5   ¿Crees que hay algún tema que pueda generar debate entre tu público? En el caso de un tema de interés, tú podrías aportar tu punto de vista y pedir la participación de tus lectores. Es una buena manera de mostrar tu nivel de conocimientos y crear fidelización. Hay escritores que lo han utilizado como método para documentarse para sus obras (ensayos e incluso, novelas).

Como has visto, por poco que reflexiones, hay numerosos temas que se pueden tratar en el blog. Debes anotarlos todos y disponerlos en un calendario de lanzamientos. Además, seguro que salen otros temas de actualidad que podrás añadir sobre la marcha (por ejemplo, nuevas legislaciones relacionadas con tu tema de interés, etc.).

El ritmo de salida de los *posts* debe ser regular, uno al mes, uno a la semana... todo dependerá de la dedicación que puedas tener. Para aumentar la fidelidad de tu público, es interesante que fijes un día de lanzamiento (por ejemplo, cada lunes, cada primer día de mes, etc.). Lo fundamental es que periódicamente publiques algo para demostrar que el blog está vigente y que te sigues dedicando a ello. Cabe decir que los *posts* no deben ser excesivamente largos. La lectura en pantalla suele ser menos cómoda que en el papel, en consecuencia, los textos deben ser cortos y fáciles de entender. En este sentido, la redacción de los *posts* debe ser ágil. Incluso te sugiero que escribas varios *posts* generales de una vez —así mantendrás un tono uniforme— y los dejes preparados para su fecha de lanzamiento.

Supongo que la otra duda que te asalta es cómo se redactan los textos. Pues es bien sencillo, deben ser simples, que se entiendan bien y sin entrar en demasiado detalle. Como se recomienda para cualquier artículo, el título debe ser atractivo para que te quieran leer, y el cuerpo del texto debe constar de una introducción, una explicación del tema y unas conclusiones y cierre.

Si en el texto mencionas algo o a alguien que está en internet, puedes enlazarlo con un *link* para quien quiera profundizar. Es interesante que sepas que estos enlaces aumentan la calidad de tu blog, porque los buscadores premian los textos que tienen *links* externos. Por otra parte, tu *post* puede ir ilustrado con fotos o vídeos, por tanto, la parte a redactar es mucho menor.

Cómo mantenerte en el escenario: las redes sociales

Siguiendo en este apartado sobre la visibilidad, vamos a tratar de las redes sociales de internet. Se trata de unas plataformas integradas por grupos de personas que se comunican entre ellas, por tanto, tienen una gran importancia en la difusión de la marca personal.

Cada red social tiene unas características distintas, es por este motivo que es necesario conocerlas y ver cuál es la más adecuada para tus necesidades. Por mi parte, las describiré de forma genérica, porque desconocemos su longevidad y los cambios en las funcionalidades son constantes. En este sentido, prefiero explicarte el sentido de estas redes y que tú las explores para comprobar su idoneidad.

Las principales redes que conocemos en el momento de la redacción de este libro pueden servir para ampliar y mantener tu red de contactos profesionales (LinkedIn), para exhibirte, intercambiar información y desarrollar acciones de *marketing* (Facebook), para emitir y recibir información (Twitter) o para compartir imágenes y vídeos (Instagram, Pinterest, YouTube o Vimeo).

Es fundamental pensar cómo encajar las posibilidades de las redes en la estrategia de comunicación, puesto que nos dan visibilidad —son un escaparate— y, al mismo tiempo, son plataformas de difusión que modelan nuestra imagen a cada mensaje que emitimos. Comunicamos con nuestros amigos, con las personas que seguimos, cuando nos dirigimos privadamente a alguien, cuando damos apoyo a otros y cuando publicitamos productos y servicios.

LinkedIn o el *networking* digital

En la actualidad, además del *networking* que puedas realizar en persona, tienes la opción de inscribirte en alguna red de internet que te dará posibilidades adicionales a la presencia física. En el momento de redactar este libro, la red profesional internacional más extendida y sólida es LinkedIn, aunque existen otras como Viadeo (creada en Francia y ampliada con la adquisición de plataformas de otros países), Xing (muy utilizada en países del entorno germánico), colegiales, gremiales, etc. Voy a hablarte en base a LinkedIn, aunque lo puedes tomar como información genérica, ya que el objetivo de dar visibilidad es común a todas las plataformas profesionales.

Te recomiendo que explores con cierto detenimiento la plataforma donde vayas a alojarte, para comprender aquellas secciones que te pueden beneficiar. Por otra parte, es aconsejable que la revises periódicamente, porque continuamente se crean nuevas funciones y servicios que te pueden ayudar. Debes tener en cuenta que algunas de estas redes tienen una versión gratuita y otra de pago, con ventajas importantes en cuanto a la facilidad de los contactos con desconocidos.

Las utilidades de estar en una red de internet son múltiples para tu marca personal. Para empezar te da visibilidad. Igual que en la web personal, las otras personas te pueden ver aunque no estés presente y, por tanto, es muy útil para quienes investiguen perfiles como el tuyo o busquen referencias de ti. Actualmente es común que los reclutadores de personal y los *headhunters* busquen posibles candidatos en este tipo de redes. Por otro lado, representan un canal por el que puedes recibir ofertas de trabajo (a través de un mensaje directo) o mediante los anuncios que publica la plataforma para perfiles como el tuyo.

> Las redes profesionales son muy útiles para buscar personas con quienes establecer sinergias, o grupos de colectivos profesionales similares al tuyo o de tu público objetivo

Además de darte visibilidad y mostrar el perfil de personas que te pueda interesar conocer, estas plataformas permiten interactuar con otras personas. Así, lo puedes aprovechar para mostrarte como experto en tu tema. En este sentido, puedes participar en debates activos, o bien iniciarlos, y también es un lugar ideal para invitar a tus contactos a los eventos que organizas en el mundo físico (conferencias, demostraciones, etc.).

Después de ver las ventajas que ofrecen las plataformas digitales, te preguntarás cómo acceder y desenvolverte en ellas. Pues es muy sencillo, en primer lugar tienes que registrarte en la red que sea de tu interés y seguir los siguientes pasos:

× **Crea tu perfil personal**, incluyendo nombre, fotografía formal, puesto de trabajo actual y anteriores, formación, certificados importantes para el desarrollo de tu profesión, datos de contacto (añadiendo otras redes sociales y web personal, además de los datos que creas conveniente publicitar y que no vulneren tu privacidad) y una descripción de tu perfil clara, que muestre claramente tus objetivos y preferencias. Es importante que tomes muy en serio esta ficha, puesto que cuanto mejor y más precisa sea, más posibilidades tendrás de conseguir contactos ajustados a tus necesidades. Déjate guiar por las instrucciones y consejos de la plataforma.

En la redacción del perfil es conveniente que utilices distintas palabras clave que identifiquen tu oficio o interés, ya que esto te dará más visibilidad. Por ejemplo, si eres profesor de idiomas, emplea palabras como maestro, educador, docente, etc.

Es necesario que compruebes que tu perfil es visible fuera de la plataforma, es decir, que aparezca en los buscadores de internet.

Pide a personas de confianza que escriban alguna recomendación sobre ti, destacando alguno de tus temas clave.

Si trabajas en un contexto internacional, traduce la información de la ficha a otros idiomas para que te encuentren más fácilmente.

× **Invita a tu primer círculo de contactos.** Hay plataformas que permiten invitar a cualquier persona, aunque no forme parte de ellas, porque lo que pretenden es crear una gran comunidad. En cambio, en redes más sectoriales o gremiales, es posible que solo puedas invitar a personas que formen parte del colectivo.

En esta fase debes invitar a tus amigos, compañeros de trabajo, compañeros de estudios y algunos familiares, todos ellos mayoritariamente relacionados con tu profesión o marca personal.

Para contactar con estas personas seguramente podrás utilizar el correo o servicio de mensajería propio de la plataforma. Esto facilitará la invitación de personas de las que todavía no tienes los datos de contacto.

x **Explora los grupos de la plataforma.** Hay redes como LinkedIn que cuentan con comunidades en las que agruparse. Estos grupos pueden ser tan variados como puedas imaginar: asociaciones de antiguos alumnos, sectoriales, de administraciones públicas, instituciones privadas, universidades, etc. Pueden ser accesibles a cualquiera, o bien, privados, por lo que es necesario pedir permiso para ser admitido.

Al existir una variedad tan grande de grupos, es posible que encuentres más de uno relacionado con tu actividad. Frecuéntalos, forma parte de ellos y participa en sus actividades. Es una forma natural de darte visibilidad y ampliar tu red.

x **Investiga los contactos de tus contactos.** Como ya he citado anteriormente, una de las maneras más fiables de adquirir nuevos contactos es a través de personas conocidas. Haz una prospección para ver qué contactos de tus contactos pueden ser útiles para tus objetivos.

× **Evita establecer contactos de forma indiscriminada.** Una vez que has invitado a las personas con las que tienes confianza y a sus conocidos más próximos, es el momento de evaluar la necesidad de ampliar tu red. Es imprescindible que tengas el tiempo necesario para gestionar a los miembros de tu red o vas a perjudicar tu propia imagen. Por otra parte, es indispensable que los contactos que realices tengan un sentido, es decir, que estén alineados con tus objetivos. Cuando te dirijas a ellos por primera vez trátales con amabilidad, preséntate y explícales por qué los quieres incluir en tu red. Y si es posible, queda con ellos para conocerles personalmente, en una cita de toma de contacto, o en alguna feria, conferencia o evento donde coincidáis.

× **Aprovecha la tecnología de la propia plataforma para identificar a nuevos contactos.** Algunas plataformas cuentan con un sistema de información complejo que permite agrupar a las personas por criterios similares al tuyo. Da un vistazo a las recomendaciones que te ofrecen y que están basadas en tus preferencias. Por otra parte, mediante un sistema de filtros (empresas, zona geográfica, etc.), busca aquellos perfiles interesantes para ti.

× **Comunica tus eventos.** Utiliza la red para dar a conocer eventos en los que participes. Ten cuidado en enviar *mails* masivos y de poco interés, ya que pueden molestar a tus contactos y dar una mala imagen de ti.

× **Crea la página de tu empresa.** Si la plataforma permite incluir empresas, y eres propietario de un negocio, se trata de un recurso útil para darte visibilidad específica a través de tu empresa.

Twitter o un caudal infinito de información

Twitter es una de mis redes sociales preferidas a nivel profesional. Se usa para informar y compartir contenidos. Cuenta con muchos participantes (personas, empresas, instituciones, asociaciones, etc.), así que esto la convierte en una gran plataforma de visibilidad. Se inscribe dentro de la categoría de *microblogging*, porque sus mensajes son tan solo de 140 caracteres. Aunque esto parezca una desventaja es todo lo contrario, porque la brevedad le permite ofrecer una comunicación muy rápida y f lexible, que se puede completar con enlaces a webs, fotografías y vídeos. Por otra parte, tiene la versatilidad de ofrecer contenidos, aportados por personas o entidades, de acceso libre e inmediato para el lector.

La filosofía de esta plataforma consiste en la emisión de mensajes cortos nuestros, de otras personas u organizaciones diversas que, a su vez, nosotros podemos seguir o dejar de seguir. Es decir, que seguimos a alguien por el interés de los mensajes que emite o reemite. Por ejemplo, si te dedicas a la publicidad, puedes seguir a empresas publicitarias, publicistas, publicaciones profesionales, profesores especializados, escuelas de publicidad y relaciones públicas, agencias de medios, etc. y puedes reemitir los mensajes que te parezcan interesantes para ti y para tus seguidores. Con todos los mensajes vistos conseguirás estar al día de temas que quizás de otra manera sería muy costoso alcanzar. Y para seguir con más detalle a los colectivos de tu interés, los puedes agrupar por listas. Por otra parte, y como en otras redes, habrá personas o colectivos que te sigan y así puedes situarte como experto en tu ámbito profesional o de interés.

Twitter resulta una plataforma muy sofisticada. Además de facilitar las oportunidades de *networking*, se ha convertido en un canal de información veraz e instantáneo. Veamos qué ofrece y en qué se ha convertido:

- Todos tus seguidores están identificados, así que puedes leerles para comprobar si te interesa conocer a alguien personalmente o seguirle. Para llegar a esos contactos basta con que les mandes mensajes privados (si ellos te siguen a ti). En este contexto, puedes contactar directamente con clientes potenciales y empresarios.

- Dispone de una potente herramienta de búsqueda de usuarios y temas de interés. Es obvio que es útil para investigar y ver cómo se desenvuelven tus competidores.

- Es un medio perfecto para mandar tráfico allí donde te interese (tu web, blog, vídeos, LinkedIn, etc.). La manera de hacerlo es incluyendo *links* de los lugares que quieres promocionar en tus tweets.

- Twitter tiene una potentísima presencia fuera de su plataforma. Lo consigue alojando un botón —en forma de su icono— en tu web, blog, etc. para facilitar la emisión de mensajes sin salir de esos lugares.

- Sirve para emitir noticias rápidas y veraces. Es utilizado por muchos políticos, personajes públicos e instituciones para dar o desmentir informaciones.

- Se ha hecho un lugar en los medios de comunicación, que publican los comentarios de los usuarios de forma instantánea (programas de radio, televisión, prensa escrita, webs, etc.). Imagina la repercusión que puede tener si en un programa de televisión se debate de un tema de tu especialidad y rápidamente aportas informaciones y puntos de vista como experto.

Una vez abierto tu perfil en Twitter debes empezar a twittear (o también suele ser interesante empezar a seguir a usuarios y familiarizarte con esta red social). Cuando te decidas a publicar tweets te aconsejo que lo hagas sobre temas relacionados con tu posicionamiento profesional. Debes ser hábil en la redacción de los mensajes y en las personas/organizaciones que mencionas, ya que esto hará que la llegada de tu mensaje sea más o menos efectiva. El *Centro de ayuda* de Twitter te servirá como manual para dar tus primeros pasos en esta red.

Puedes publicar cualquier opinión o cosa que te esté sucediendo, aunque para tu uso profesional te recomiendo comentar temas de actualidad, compartir información relevante, anunciar eventos en los que participas o reenviar mensajes que te han parecido interesantes, todo ello de tu sector de actividad. Incluso hay quien lo utiliza para retransmitir eventos en directo como conferencias, escribiendo frases destacadas del acto. Sea cual sea la información que emitas, procura ser relevante e intentar sorprender, manteniéndote dentro de la estrategia de comunicación de tu marca personal.

Intenta captar seguidores. No te obsesiones por la cantidad, es mucho más importante la calidad. Sigue a usuarios interesantes —de los que puedas aprender y compartir conocimientos— y que tengan buenos seguidores. Puedes buscar conocidos a través de tu base de datos de contactos o realizar búsquedas selectivas a través de search.twitter.com. Te invito a que explores la red con interés, porque la variedad de perfiles que vas a encontrar es muy superior al resto de redes.

Twitter dispone de distintos servicios, entre los que se cuentan la inserción de publicidad, la incorporación de la localización geográfica o las estadísticas de las interacciones que has tenido. Para medir el resultado de visibilidad de tus tweets puedes usar marcas precedidas del símbolo #.

Para sacar el máximo rendimiento de Twitter existen numerosas herramientas. La más importante y útil, para mi gusto es Hootsuite, que también integra Facebook, LinkedIn y otras redes. Esta herramienta te permite gestionar conjuntamente distintas redes sociales, lo que te posibilita alinear toda la comunicación digital de tu marca personal. Por ejemplo, puedes redactar mensajes y programar a Hootsuite para que los mande a las redes que selecciones, en el momento que tu decidas.

Facebook o la gran ágora

Facebook es una red social personal con gran cantidad de miembros, aspecto que la hace especialmente adecuada para hacer llegar tu mensaje a muchas personas. Por ejemplo, si tienes una tienda de moda, puede interesarte estar presente allí para presentar los nuevos modelos, avisar sobre descuentos y otros eventos, organizar concursos, etc.

Me parece interesante que conozcas qué puedes hacer en esta red social. Como verás, es muy lúdica y especialmente es usada por las personas en su tiempo de ocio:

- Facebook te permite crear un perfil personal y agregar amigos.
- Crear una página personal o corporativa para sumar fans.
- Compartir contenido. Esto es especialmente importante porque hace eco de aquello que nos gusta a otras personas que pueden no estar vinculadas al círculo inicial en el que se halla la información. En definitiva, se crea una circulación viral de la información que puede llegar a ser muy importante.
- Convertirte en fan de páginas o de información que te interesa.
- Interactuar con otros usuarios y páginas.
- Conocer eventos interesantes.
- También puedes hacer publicidad y promocionar productos o servicios.
- Página profesional: directamente conectada con tu página personal. Existen diferencias en el nivel de interacción con el resto de usuarios y amigos.
- Muro: tu página personal donde se publican las actividades de los amigos.
- Actualizar estado: decir a tus amigos qué haces, qué piensas, dónde estás...
- Etiqueta: poner el nombre de la persona que aparece en la foto.
- Mensaje: es una comunicación privada entre dos amigos.

Con el fin de desarrollar tu *networking*, es interesante que tengas en cuenta que existe una opción para buscar amigos y engrosar tu red. Lo puedes hacer fácilmente, a través de direcciones de correo electrónico y otras redes sociales.

Puesto que tu objetivo como marca personal es de tipo profesional, resulta muy recomendable que elabores listas para decidir qué colectivo puede ver el contenido que publicas. De esta forma, puedes compartir una información con unas personas (por ejemplo, con familiares) y no con otras (por ejemplo, clientes).

Es recomendable que personalices la URL de tu Facebook, es decir, que la dirección web de tu página en Facebook sea algo así como www.facebook.com/nombreapellido Hazlo cuanto antes pues, con la gran cantidad de usuarios que tiene esta red social, no te será fácil encontrar una buena combinación para personalizar tu URL

Otra opción francamente interesante consiste en crear tu página profesional en Facebook. Una de las ventajas que tiene esta opción es que el número de seguidores es ilimitado. Además, puedes desarrollar comunidades basadas en relaciones personales. También es muy útil si quieres promocionar tu página profesional a través de anuncios en Facebook. Si optas por esta vía, tienes información muy detallada, con unas estadísticas de la página muy completas, un buen seguimiento de los *Me gusta* y, sobre todo, un control absoluto del público objetivo al que te quieres dirigir, con un proceso de segmentación realmente interesante.

Muchas personas me preguntan o me piden consejo sobre si deben crear una página personal o profesional en Facebook.

La verdad es que no tiene una respuesta fácil. Para la mayoría de personas creo que una página personal es suficiente, pues difícilmente podrán superar los límites de usuarios y quizás ni quieren promocionar su marca a través de anuncios de Facebook, ni les interesa un riguroso control de las estadísticas. La opción que yo he tomado personalmente consiste en tener dos perfiles en Facebook. Uno personal para comunicarme con mis amigos y compartir básicamente contenido privado (temas familiares, *hobbies*, amistades, etc.) y otro profesional (página web profesional) en la que solo comparto contenido profesional. Lo importante es que conozcas ambas opciones y te decantes por la que mejor se ajuste a tu estrategia de marca personal.

Para tomar ideas de qué puede incluir una marca personal-profesional en Facebook, te recomiendo que visites páginas de personajes relevantes y con muchos seguidores.

Para terminar el análisis de esta red social, te traslado unas reflexiones generales:

- ✗ Debes saber que difícilmente se contrata a nadie por su perfil en Facebook. En cambio, los profesionales de recursos humanos y empleadores en general pueden descartar candidatos por su perfil en esta red social. Es necesario estar atento a lo que publicas o lo que publican de ti, sé prudente y comprueba que todo lo que aparece vinculado a tu persona no supone ningún riesgo para tu imagen o marca personal. En este sentido, configura bien tu perfil y los niveles de privacidad.

- ✗ Presta especial atención a las fotografías (entra en la zona de privacidad y evita que nadie pueda etiquetarte sin tu consentimiento). Las fotos suponen uno de los riesgos más grandes en Facebook.

x Busca contactos y desarrolla tu red. Si decides estar presente en esta red social, aprovecha y contacta con gente que conozcas (amigos, excompañeros de estudios...).

x Interactúa regularmente con tus amigos y escribe en su muro. Evita una presencia pasiva. Entra en contacto con otras personas, devuelve solicitudes de amistad, no te demores en contestar los mensajes...

x Únete a grupos que te interesen y a páginas de seguidores, apúntate a eventos, créalos, participa, sé activo. Incluso puedes crear concursos para dar a conocer tus productos y para establecer una relación amistosa con tus clientes. Resultan ser un gran elemento de fidelización, especialmente si ofreces obsequios.

Cómo mostrar tu obra: redes sociales visuales

Si eres diseñador gráfico, fotógrafo, joyero, etc. o estás relacionado con temas visuales o que necesitan ser visualizados (por ejemplo, muestrarios de artículos), será necesario que te integres en una red que permita exponer y compartir tu obra o productos. Un par de redes de este tipo podrían ser Instagram y Pinterest.

El vídeo

Cada vez más, el vídeo es un formato que atrae a los internautas. Es un sistema de visionado fácil y que requiere menos esfuerzo que la lectura. Incluso hay redes de *networking* profesional que lo incluyen como parte de la ficha de presentación.

El valor añadido que tiene el vídeo para quienes no te conocen es la gran información que muestras sobre ti, porque ven cómo te expresas, el tono de voz, cómo te desenvuelves, el grado de seguridad que emites, tus habilidades, si hablas bien su idioma, si eres ágil, etc.

En un mundo cada vez más multimedia, no puedes desaprovechar el potencial que tiene el vídeo para tu estrategia de marca personal. Te permite, no solo explicar lo que te interesa, sino también demostrarlo. Desde mi punto de vista, es un gran canal de comunicación para conseguir los objetivos de marca personal. Si tienes oportunidad de grabar algún vídeo y editarlo, te animo a ello.

Para hacer visibles tus materiales audiovisuales y facilitar el acceso a cualquier persona, los puedes colgar directamente en plataformas como YouTube o Vimeo. El valor de estas plataformas dentro del ámbito de la visibilidad es muy amplio:

× Permiten que miles de usuarios encuentren, vean y compartan vídeos. Esta es la principal función de estas redes sociales.

× Son un lugar ideal para compartir contenido multimedia (básicamente vídeos) y comunicarse con usuarios de todo el mundo.

× Permiten reforzar tu imagen de marca personal, sacando provecho de las características multimedia del vídeo y complementan a otros elementos de comunicación.

× Facilitan la visibilidad para darse a conocer a gran cantidad de anunciantes de diferente tamaño.

Con cualquier *smartphone*, grabadora de vídeo o incluso con una pequeña videocámara conectada a tu ordenador, grabar un vídeo es muy fácil y rápido. Además, la calidad que ofrecen estos dispositivos, así como la facilidad de edición digital de las grabaciones, hace que sea más fácil que nunca crear materiales de cierta calidad. Si por ejemplo dictas una conferencia, grábala, selecciona las partes más interesantes y edita un vídeo lo más corto posible. Puedes hacerlo con ayuda de algún profesional, aunque Microsoft o Apple disponen de editores de vídeo gratuitos y fáciles de manejar. También YouTube tiene editor y se complementa muy bien con las herramientas de Google, aspecto que facilita mucho la localización –por la integración de palabras clave–, y la difusión de tu vídeo.

Como observamos, el vídeo es una herramienta de difusión muy potente. Entonces, ¿cómo la ponemos al servicio de la marca personal? Pues, por ejemplo, protagonizando pequeñas píldora de contenidos. Antes de grabarlas será necesario que escribas un guión, que te esfuerces por ser creativo, e incorpores elementos que lo doten de agilidad (utiliza distintos planos, incorpora música, que su duración sea menor a 2 minutos, etc.). Recuerda que los vídeos deben estar alineados con tu marca personal, para que comuniquen en la dirección que tú quieres. Algunos ejemplos de contenidos pueden ser:

× Comentario sobre los últimos libros que se han presentado en tu sector empresarial.

- Opinión sobre un tema de actualidad relacionado con tu sector de actividad profesional.

- Entrevista, sea real (en el sentido de que algún medio de comunicación te entrevista realmente) o creada por ti mismo o con la ayuda de alguna otra persona (tú decides qué quieres comunicar y te preparas las preguntas para cumplir con el objetivo).

- Realización de alguna demostración; la mejor forma de explicar algo suele ser demostrándolo.

- Tutorial de un proceso.

- Testimonio de alguna persona que hable sobre ti, de tu empresa, productos, servicios...

Una vez hayas realizado tus videos debes difundirlos teniendo en cuenta los siguientes aspectos:

- Sube vídeos con cierta frecuencia.

- Promociónalos a través de correos electrónicos, otras redes sociales, tu blog, etc. Te sorprenderá el gran poder viral que tienen estas herramientas si el vídeo es creativo y tiene interés.

- Da a conocer tu canal en Youtube o en otras plataformas a través de las redes sociales, en tu blog o página web, en la firma de tu correo electrónico, etc.

- Interactúa con otros usuarios que visionan vídeos relacionados con tu actividad profesional y forman parte activa de la comunidad Youtube o de otras plataformas.

- Mide el resultado de visualización de tus vídeos.

Las presentaciones

Finalmente, las presentaciones son otro elemento que mejora la reputación en la red. Si eres experto en algo, ¿qué mejor que preparar una pequeña presentación efectiva que pueda ser interesante y atractiva para tu público objetivo?

Para preparar la presentación, reflexiona sobre qué quieres obtener con la presentación y cómo la podrás difundir. Elige un tema que sea de interés para clientes actuales o futuros. Y lo más importante, alinéalo con tus otras estrategias de difusión de tu marca personal.

Visualiza otras presentaciones de tu sector para comprobar que tu presentación será distinta y más atractiva que las demás. Créala en PowerPoint o en otro formato y cuélgala en SlideShare u otra plataforma similar para que sea visible allí o a través de los buscadores. Después debes difundirla a través de *links* en otras redes sociales.

Gestión, control y medición de la comunicación *online*

En este último punto del plan estratégico de comunicación de la marca personal analizaré tareas tan importantes como la gestión, el control y la medición de tu actividad en internet. Me centraré en Google, no solo como el buscador más potente y reconocido del mundo, sino también por algunas de sus utilidades, como son Google Alerts, Google Adwords y Google Analytics, ya que considero que son muy útiles para la gestión de tu marca personal.

Google es, sin duda, el mayor buscador y el más utilizado en todo el mundo. Es muy probable que muchas personas, antes de contratar a un profesional, encargarle un proyecto o realizar cualquier otra decisión, busquen información sobre esta persona en esta herramienta.

Comprueba periódicamente en los buscadores qué se ha publicado sobre ti o asociado a tu nombre. Te recomiendo que lo hagas de varias formas, con tu nombre y tu primer apellido, con todos los apellidos, con sobrenombres, etc. Revisa todas las formas con las que alguien puede buscar información sobre ti. Es importante que las referencias sobre ti sean impecables para salvaguardar tu reputación, porque borrar información de Google es casi imposible.

Por otra parte, resulta imprescindible que optimices tu web o tu blog en los motores de búsqueda, lo que se conoce como SEO (*Search Engine Optimization*), para que aparezcas en los primeros resultados de las búsquedas. Algún profesional se puede hacer cargo de este trabajo, aunque aquí tienes algunas pautas para que sepas cómo funciona:

- **Palabras clave o *keywords*:** Es muy importante que incorpores tus palabras clave en tus publicaciones *online*.
- **Contenido:** Es necesario que aparezcan tus palabras clave en el contenido de tus publicaciones, es decir, en el título y en el cuerpo del texto.
- **Hipervínculos:** Aprovecha los hipervínculos para relacionarlos con las palabras clave.
- **Referencias:** Si publicas contenido en otras páginas web, asegúrate de que incluyen una referencia o un enlace a tu

web. Incluye tu web en la firma de tu correo, en tus biografías de las redes sociales, etc. Cuantas más referencias apunten a tu página web, mejor valorada estará por los buscadores.

× **Tiempo de visita en la página:** Es necesario conseguir que los visitantes a tu web o blog personal permanezcan allí el mayor tiempo posible. Google penaliza las visitas muy cortas y fugaces, y valora muy positivamente las visitas de cierta duración, entendiendo que el contenido de las páginas es más interesante.

× **Porcentaje de rebote:** Es uno de los aspectos más importantes en el tema de la analítica web. Se refiere al porcentaje de visitantes que entran en tu web personal y salen sin haber accedido a una segunda página de tu web. Para conseguir mejores resultados en tu estrategia SEO, el porcentaje de rebote debe ser lo más bajo posible.

× **Velocidad de carga de la página:** Es fundamental que tu blog o web personal se carguen rápidamente, pues los internautas (y también Google) suelen penalizar las páginas lentas. Existen diferentes herramientas que te ayudarán a conocer la velocidad de carga de tu página y cómo mejorarla.

Para facilitarte el análisis de tu visibilidad en Google debes inscribirte en la herramienta llamada Google Alerts: www.google.com/alerts. Entrando en esta dirección puedes establecer varias alarmas vinculadas a tu nombre y tu marca personal. De esta manera, Google comprobará cada cierto tiempo qué aparece si se busca la/s palabra/s en cuestión y te enviará los resultados al correo electrónico que le hayas indicado.

En este mismo sentido, me parece francamente interesante que vayas teniendo noticia sobre las imágenes que aparecen en internet asociadas a tu nombre. Visita periódicamente **Google Images** en: images.google.com.

En otro orden de cosas, Google también te permite publicitarte cuando alguien busca algo relacionado contigo o con tu profesión. **Google Adwords** es un servicio publicitario —publicidad contextual— donde el cliente paga por las visitas de los internautas. Resulta muy útil para la promoción de la marca personal, especialmente para aquellas personas que ejercen una actividad profesional por cuenta propia y necesitan captar clientes (por ejemplo, abogados, médicos, dentistas, asesores, arquitectos...).

Con unos precios muy reducidos puedes anunciarte y vincular tu nombre y web personal a las palabras clave sobre las que quieres posicionarte. Tus anuncios se mostrarán a personas que buscan palabras relacionadas con tus palabras clave y en tu área geográfica.

Una de las grandes ventajas de AdWords es que solo pagas por los *clicks* que realmente se realizan (y por lo tanto dirigen tráfico a tu página web o *landing page* personal). Para ello debes visitar www.google.com/adwords y con tu cuenta en cualquier aplicación de Google (por ejemplo Gmail), podrás empezar a diseñar tus primeras campañas de publicidad *online* en Google. Por muy poco dinero, puedes obtener una gran rentabilidad.

Google Analytics es una herramienta fundamental para controlar y medir la actividad *online* de tu marca personal y, además, es gratuita. Es una aplicación relativamente fácil de usar y con un poco de práctica cualquier persona puede sacarle jugo. La mayoría de blogs (especialmente Wordpress y Blogger) tienen complementos que te permiten instalar fácilmente tu código de Google Analytics.

Google Analytics aporta información sobre los siguientes aspectos:

- **Visitas:** Se trata del número de visitas que ha tenido tu página web / blog en un determinado espacio de tiempo.

- **Páginas vistas:** Es el número de páginas que se han visto de tu página web / blog en un tiempo determinado.

- **Páginas/visita:** Se trata de la media de páginas que son vistas en cada visita a tu página web / blog.

- **Porcentaje de rebote:** Es el porcentaje de visitantes que salen de tu página web / blog habiendo visitado tan solo una página.

- **Duración media de la visita:** Es el tiempo medio en el que un visitante está conectado a tu página web / blog.

Los *Informes Estándar* representan la parte más útil de Analytics. Se dividen en cinco apartados:

- **Tiempo real:** Te presenta los principales indicadores en tiempo real. Para la mayoría de webs personales, este indicador es de menor utilidad, pues no resulta tan importante conocer los datos de las personas que están visitando tu web en un momento puntual, como en un período de tiempo.

× **Público:** Los datos sobre los visitantes de tu web son de gran utilidad para conocer su perfil y comportamiento. Obtendrás información por un determinado periodo de tiempo del número de visitas, visitantes únicos, páginas vistas, número de páginas por visita, duración media de la visita, porcentaje de rebote, porcentaje de visitantes nuevos, datos demográficos (idioma, país y ciudad), sistema operativo utilizado, sistema móvil, etc.

× **Adquisición:** Te informa sobre de dónde vienen los visitantes de tu página web: Google, redes sociales, tecleando tu sitio web, referencias en otras páginas web, etc. También se incluyen campañas de *marketing*, uso de Google Adwords y la optimización en buscadores.

× **Comportamiento:** Es una información muy útil para gestionar los contenidos de tu página web. Te informa sobre el comportamiento de los visitantes en tu página web. Quizás lo más útil es conocer qué páginas o apartados de tu web son los más vistos, qué *posts* son los más leídos y qué partes de tu web son las menos visitadas.

× **Conversiones:** Si tienes tienda en tu web, mide los visitantes de tu página web que han accedido a la tienda.

Google Analytics es una extraordinaria herramienta. Su potencial es enorme y solo he intentado explicarte los aspectos más básicos y más relacionados con la gestión de la web y/o blog de tu marca personal. Te recomiendo que le dediques tiempo a navegar, a realizar pruebas e ir conociendo poco a poco la herramienta para sacarle progresivamente mayor partido.

Para hacer el seguimiento de tu impacto en las redes sociales, puedes consultar directamente en ellas los datos de tu presencia, o bien, acceder a Klout, que es un servicio que analiza las interacciones entre usuarios y las puntúa con el fin de medir la influencia en las redes. Por otra parte, Hootsuite es una herramienta que te ayuda a gestionar la comunicación en las distintas redes. Periódicamente aparecen nuevas herramientas, así que te recomiendo que explores en internet qué aplicación puede ser más útil para tus intereses.

Recomendaciones finales 2.0

El mundo digital es una extensión del mundo real. En este sentido, es necesario que las acciones en la red y las presenciales estén coordinadas y organizadas para que se potencien unas a otras y vayan, todas, a confluir en unos objetivos concretos. Para ello, recuerda estos aspectos clave:

- Crea una estrategia alineada a la consecución de un gran objetivo: tu marca personal.
- Selecciona las redes sociales que mejor te ayuden a conseguir tus metas. Evita estar en todas porque quizás no alcances a gestionarlas con calidad. Hay un refrán que dice «Quien mucho abarca, poco aprieta».
- Empléate a fondo en crear acciones e informaciones inteligentes, con valor añadido para tus interlocutores. Innova siempre que puedas, lo sorprendente gusta y se cuenta a los amigos y compañeros.
- Revisa cada día tus redes y valora si puedes aportar algo interesante.

- Pide *feedback* a tu entorno y a tus clientes de forma elegante: escucha y agradece su ayuda. Si les haces partícipes de tu trabajo se sentirán agradecidos y estarán receptivos a nuevas colaboraciones.
- Evalúa y corrige tu estrategia con cierta frecuencia. Si no consigues un objetivo, trata de lograrlo por otros métodos.
- Mantente al día con formación, lectura, charlas, intercambios con colegas y otros internautas, etc. para tener siempre nuevos contenidos que aportar a tu público.

Conclusión y despedida

Tienes una imagen personal, algo que te hace único y distinto al resto de personas. Vale la pena sacar partido de ello, por ti mismo y por el *feedback* positivo que recibirás. El cuidado y desarrollo de tu imagen, de tu marca personal, te aportará una mayor confianza, seguridad, reconocimiento y una reputación positiva, además de progreso profesional. Todo ello te motivará para crecer aún más como persona y profesional. ¡Adelante con ello!

Gracias por haberme seguido hasta aquí. Espero haber sido una buena compañía a lo largo de estas páginas. He tratado de darte una visión panorámica de la construcción de la marca personal y su comunicación. Deseo que los ejemplos y propuestas que he presentado hayan sido inspiradores para ti.

Para concluir, me gustaría trasladarte lo que reflexionó el periodista norteamericano Norman Cousins tras la llegada del hombre a la luna:

Lo más significativo del viaje lunar no fue que el hombre pisara la luna, sino que por primera vez mirara hacia la tierra.

Es una evocadora visión que encaja con el objetivo de este libro: que analices tu marca personal desde otra perspectiva. Gracias.

Epílogo

Hemos llegado al final de la teoría. Si te apetece seguir acompañándome un poco más, compartiré contigo materiales que he recopilado a lo largo de los años y algunas reflexiones alrededor de la marca personal. Aquí las tienes:

Hasta que la muerte os separe

Hasta que la muerte os separe. Esta es una frase muy famosa. Como bien sabes, proviene de la tradición cristiana y se refiere a la indivisibilidad del matrimonio. Posteriormente se ha utilizado mucho en campañas publicitarias, e incluso coloquialmente para expresar un compromiso de larga duración. Paradójicamente, cuando más famosa se ha hecho la cita, menos se cumple su significado; los compromisos a largo plazo son cada vez más escasos. Por ejemplo, los matrimonios actuales tienen más del 50% de posibilidades de separarse antes de que la muerte separe a los conyugues.

A los productos les pasa algo parecido. Nuestra tasa de renovación de productos es mayor que nunca. En la mayoría de los casos no cambiamos de producto cuando *la muerte nos separa*, es decir, cuando llegan al final de su vida útil. La mayoría de cambios suceden porque nos apetece sustituirlos por otros más modernos, con mejores prestaciones, más de moda... Todo cambia a una velocidad de vértigo, solo debemos repasar algunos productos que hayamos comprado hace algunos años para darnos cuenta de ello: la mayoría ya no los utilizamos y los hemos substituido por otros más nuevos y modernos. En el caso de los tecnológicos, esta acelerada obsolescencia es todavía más espectacular.

El mercado laboral también es más cambiante que nunca. En el pasado era bastante habitual que una persona trabajara toda la vida en una misma empresa. Eran muchos los casos de personas que empezaban muy jóvenes en una empresa, iban ascendiendo a medida que se formaban y maduraban como personas y profesionales hasta que, muchos años después, se jubilaban en la misma empresa. Después, se pasó a una época en la que lo más frecuente era, o bien trabajar en la misma empresa toda la vida, o bien hacerlo al menos en el mismo sector. En este caso, una persona que empezaba a trabajar en un determinado sector permanecía en él a lo largo de su vida profesional, habiendo trabajado únicamente para una o pocas empresas. Más adelante, empezó a ser frecuente el cambio de empresa y de sector. Así, muchos profesionales tenían que adaptar su profesión o su puesto de trabajo a empresas de sectores diferentes para poder continuar con su vida laboral.

En la actualidad, es habitual cambiar de empresa, de sector y también de profesión. Deberemos aprender, desaprender, reaprender, empezar de cero, adquirir nuevas competencias, etc. para reinventarnos más de una vez. Es necesario tener una mentalidad de cambio y de adaptación más grande que nunca. Ya lo decía Charles Darwin: «No sobreviven las especies más fuertes, ni siquiera las más inteligentes; sobreviven las que mejor se adaptan a los cambios».

En este entorno tan cambiante, nos esforzamos mucho en trabajar y en defender los intereses de la empresa. Paradójicamente, muchas de estas empresas prescindirán de nosotros en un tiempo, o se fusionarán, o serán absorbidas, o las dejaremos para trabajar en otras empresas... o desaparecerán. En este contexto, en el que todo es tan efímero, hay algo que te va a acompañar toda tu vida: tu marca personal. Las empresas abren, cambian de marca, se fusionan, cierran... pero TÚ siempre continuarás siendo TÚ, tu marca personal (*hasta que la muerte os separe*). Cuídala como se merece.

Tu marca es la suma de tus marcas (I)

Las marcas son, aparte de un logotipo, un producto, una imagen... la percepción que tenemos sobre un determinado producto, empresa, ciudad, persona, etc. Las marcas ocupan un espacio en nuestra mente. Son básicamente percepciones que van formándose, que van moldeándose con cada una de nuestras interacciones y que están totalmente condicionadas por cómo percibimos (de forma totalmente subjetiva) cada una de estas interacciones.

Uno de los conceptos más importantes del *marketing* es lo que se conoce como los *momentos de la verdad*. Son aquellos momentos en los que el consumidor entra en contacto directo con el producto. Son instantes realmente importantes, pues en ellos se decide el éxito de un producto e incluso de la empresa. El concepto momento de la verdad fue creado por la multinacional Procter & Gamble hace ya unos cuantos años para referirse a esos instantes en los que un producto *se la juega*.

Los profesionales del *marketing* han considerado básicamente dos momentos de la verdad. El primero tiene lugar cuando el consumidor entra en contacto con el producto (generalmente en el punto de venta) y, en ese preciso instante, decide comprarlo, escoger otra marca o no comprar. El segundo momento de la verdad sucede cuando el consumidor, una vez ha comprado el producto, empieza a utilizarlo. En ese punto, de forma consciente o inconsciente, el consumidor empieza a valorar el producto, lo compara con las expectativas que tenía sobre el mismo y, cuando el resultado supera las expectativas, queda satisfecho (o insatisfecho en caso contrario).

Más adelante, los profesionales del *marketing* añadieron un nuevo momento de la verdad; le llamaron el *momento cero* (conocido también como ZMOT – *zero moment of truth*). Este momento es realmente crítico y sucede básicamente en internet, antes del contacto físico con el producto, cuando el consumidor empieza a obtener información sobre él.

En las marcas personales sucede algo similar. Tu primer contacto con alguien influye notablemente en su percepción sobre ti. Recuerda la famosa cita «solo existe una ocasión para causar una buena primera impresión». A partir de este momento, cada interacción que tengas con alguien, cada apretón de manos, conversación, artículo, charla, ponencia, etc. va a significar un momento de la verdad.

Asimismo, en el *personal branding* resulta decisivo el *momento cero*. Se produce cuando alguien obtiene información sobre ti a través de internet (mayoritariamente a través de Google). Por este motivo debes googlearte con frecuencia o activar las alertas de Google, para monitorizar qué información aparece en la red relacionada con tu marca personal.

En un mundo cada vez más digital, tener una buena presencia en internet resulta imprescindible para dejar una buena marca personal.

Recuerda que cada interacción cuenta. Presta especial atención a cómo son tus contactos con tu público objetivo. Todo cuenta. Cada palabra, cada acción va dejando marca en los demás. Al final, tu marca personal (la imagen que tienen las personas de ti) es la suma de todas las veces que has dejado marca. Aprovecha y cuida cada momento de la verdad, desde el momento cero hasta el momento de la verdad más insignificante, ya que cada momento cuenta. Porque, al final, tu marca es la suma de tus marcas. Aprovéchalas, valdrá la pena.

Tu marca es la suma de tus marcas (II)

En el *post* anterior me refería básicamente a que tu marca personal es la suma de tus interacciones con los demás, lo que llamaba los *momentos de la verdad*. En este *post* me centro en definir que tu marca personal es la suma de todas las marcas que te acompañan.

Lo queramos o no, todos estamos acompañados en nuestro viaje personal y profesional de gran cantidad de marcas. Muchas de ellas se pegan a nosotros (como los adhesivos) y nos acompañan cierto tiempo. Este tipo de marcas, ejercen una gran influencia en nuestra marca. Un grupo de ellas, están relacionadas con nuestra formación. Tiene que ver básicamente con los estudios que hemos realizado (también lo podemos considerar como una marca) y, sobre todo, en qué centros académicos hemos estudiado. De esta forma, la universidad en la que hemos estudiado o el centro educativo, es una de las marcas más importantes que nos acompañará a lo largo de nuestra vida. No es lo mismo haber estudiado en una universidad que en otra. Por ese motivo, siempre recomiendo a aquellas personas que se lo puedan permitir, que acudan a las mejores universidades. Que no se preocupen por el esfuerzo y sacrificio que van a realizar (tanto a nivel de dedicación como de dinero invertido), pues nada en la vida les va a ofrecer tanto retorno y durante tiempo. Las marcas de los centros donde nos hemos formado pueden ejercer y ejercen una notable influencia en nuestra carrera profesional.

Otro grupo de marcas que influyen seriamente en nuestra marca personal es la marca de las empresas donde hemos trabajado o los clientes a los que hemos prestado nuestros servicios. No es lo mismo ser un futbolista y jugar en un equipo de 3ª división, que en uno de los grandes de la Liga Española. Asimismo, no es lo mismo trabajar en un bufete de abogados o en otro, en una empresa de *software* o en otra... Las marcas de estas empresas condicionan sensiblemente la percepción que tendrá nuestra marca personal. Por este motivo, también recomiendo que los profesionales valoren la importancia de la marca para la que van a trabajar, pues les va a influir notablemente en su carrera.

Otras marcas pueden ser, también, los lugares geográficos donde has trabajado, los sectores en los que has desarrollado tu carrera, los cargos que has ostentado, las personas que has tenido a tu cargo, los jefes a los que has reportado... Todas estas marcas, marcan tu vida y tu carrera profesional.

En mis talleres de marca personal siempre propongo realizar el siguiente ejercicio. En primer lugar, enumera todas las marcas que, de alguna manera, ejercen influencia en tu marca personal. A continuación, identifica aquellas que más y mejor influencia te aportan y tenlas muy presente en tu estrategia de comunicación. Resalta aquellas que más te ayudan —sin mentir— y apunta, también, aquellas que te ayudan menos en tus objetivos.

Resulta especialmente importante que pienses qué te aportarán las diferentes marcas a las que te acercarás a lo largo de tu vida. Porque ya conoces el refrán: «A quien buen árbol se arrima, buena sombra le cobija».

Tu marca está en los demás

De las muchas acepciones que tiene la palabra marca (señal, territorio, imagen, medida, mejor resultado, rasgo distintivo...), la que más me gusta es la que se refiere a la imagen que tiene una persona de un determinado producto, empresa, persona, país, etc. Porque las marcas, mucho más que cualquier logotipo, diseño o característica técnica son, en esencia, percepciones que tienen los consumidores. Las marcas están en la mente de cada uno de nosotros.

La mayoría de empresas y profesionales parece no haberse dado cuenta de que sus marcas están en la mente de los demás. Muchas empresas continúan pensado en que su marca es como su producto, su página web, sus características técnicas, etc. Es decir, ponen todo el foco en su empresa y en sus productos, cuando les resultaría mucho más interesante poner la atención en el consumidor (entender qué necesita, cómo valora los productos, qué piensa de su marca y de las marca de sus competidores, etc.).

En el mundo de la marca personal sucede lo mismo, o incluso me atrevería a decir que esta falta de foco en los demás (clientes, consumidores, público objetivo...) es mucho más flagrante. La mayoría de profesionales entienden que gestionar su marca personal es centrarse en ellos mismos, mejorar su producto o venderse mejor. Sin embargo, creo que resulta infinitamente más acertado, al igual que sucede con las marcas corporativas, poner el foco en los demás. No se trata de cómo te vendes, sino de por qué te compran. Porque al final, nuestra marca no es más que la imagen que tienen de nosotros mismos. Como dice Jeff Bezos, fundador y CEO de Amazon «Tu marca es lo que dicen de ti cuando no estás delante».

A la mayoría de personas no les interesa ni lo que eres, ni lo que has estudiado, ni tus especialidades, únicamente les interesa —al igual que suceden con los productos— el para qué sirves, es decir, cómo puedes beneficiarles. Y este es el punto clave para la gestión del *personal branding*. Entender y saber transmitir qué beneficios aporta lo que tú haces a tu público objetivo.

Considero que solo hay tres grandes tipos de beneficios: ayudar a los clientes a aumentar sus ingresos, a disminuir sus gastos y a hacerles más felices (comodidad, tranquilidad, etc.). La buena gestión de la marca personal implica dejar de hablar tanto de uno mismo y centrarse en cómo ayudas a los demás (tu público objetivo). Por ejemplo, yo no busco un fisioterapeuta o un osteópata, me dan igual los títulos académicos o la técnica que utilice. Lo que realmente quiero es que mi dolor de cervicales desaparezca. En esta línea debes convertir tus características técnicas (qué conocimientos tienes, qué metodología aplicas...) en beneficios concretos para el consumidor. Lo mismo sucede en el ámbito de la educación: de nada sirve qué o cómo enseñas (foco profesor -> *teaching*), solo sirve qué y cómo aprenden (foco alumno -> *learning*). Tampoco sirve tener muchos títulos, una gran página web, un gran cv o una buena tarjeta de visita si no son debidamente percibidos por el público objetivo. Debes conocer cómo son advertidos todos estos elementos por parte de tu audiencia. Apuesta por los aspectos que son mejor valorados, por aquellos que te puedan diferenciar de tus competidores, siempre teniendo en cuenta al consumidor como eje central de toda tu actividad. Debes obsesionarte con tu público objetivo, conocerlos, dedicarles tiempo, identificar sus necesidades, qué aspectos valoran más, cuáles menos, etc. Solo en la medida en que pases del enfoque *producto* al enfoque *cliente* gestionarás de forma eficiente tu propia marca personal. Porque, como sabes, tu marca no está en ti, está en la mente de los demás.

Tu vida es tu marca

Vivimos una auténtica revolución digital. El auge de internet y de las redes sociales, junto a increíbles avances tecnológicos, ha permitido que (casi) cualquier persona tenga en su mano la posibilidad de comunicar, de compartir su mensaje con millones de personas de todo el mundo. Además, en muchos casos este acceso es gratuito o a unos costes muy reducidos.

Sin duda, estamos viviendo una auténtica democratización de la comunicación puesto que, hasta hace bien poco, estos servicios solo eran alcanzables por las grandes empresas.

No obstante, creo que en algunos casos se ha banalizado la comunicación. Tengo la percepción de que existen algunos profesionales realmente mediocres en su ámbito de actuación, que dedican mucho tiempo y esfuerzo a comunicar su mensaje. Ello les aporta cierta notoriedad e influencia, y lamentablemente para los que defendemos una marca personal de calidad, invaden el espacio de comunicación con un contenido pobre.

En este contexto, quiero resaltar que el factor más importante en la gestión de tu marca personal son tus acciones, los hechos, aquellas cosas que haces, los retos que superas, las personas a las que ayudas, los resultados que consigues, etc. Comunicar es vital. Si haces y no comunicas, lo tendrás difícil.

Uno de los grandes líderes y de las marcas personales más potentes de la historia ha sido el político indio Mahatma Gandhi (por quien siento una especial devoción). Consiguió grandes retos con su palabra, pues era un extraordinario orador. Especialmente, alcanzó su elevadísima influencia a través de la acción y un comportamiento determinado. Apostó por el ejemplo como forma de transmitir su mensaje. Recuerda el dicho «El ejemplo no es la mejor forma de generar influencia, sino que es la única». El hacer influye más que el hablar. Los hechos ganan a las palabras.

Para terminar quería compartir contigo una preciosa frase del mismo Gandhi: «Tu vida es tu mensaje». Es decir, que realmente lo que comunicas, lo que compartes, lo que transmites son tus acciones, mucho más que tus palabras. Con el máximo respeto a este gran líder, me permito adaptar su frase para la gestión de la marca personal: «Tu vida es tu marca».

Apasiónate

A mi entender, el aspecto más importante para tener éxito y ser feliz es la pasión. Resulta francamente difícil encontrar una persona muy exitosa que realice alguna actividad que no le apasione. A su vez, también resulta prácticamente imposible encontrar alguna persona muy feliz y que no se dedique o practique habitualmente alguna disciplina que le apasione.

No acabo de comprender cuál es el motivo por el que la mayoría de personas le prestamos tan poca importancia a la pasión. Los padres y las madres nos esforzamos en educar bien a nuestros hijos e hijas, les solemos costear sus estudios, etc. y la mayoría somos incapaces, no solo de conocer qué les apasiona, sino también de cómo ayudarles a encontrar su pasión. En el ámbito de la docencia sucede exactamente igual. La mayoría de los docentes nos centramos en transmitir conocimientos y olvidamos, de nuevo, el tema de la pasión. Los alumnos olvidarán el conocimiento adquirido y, sin embargo, la pasión puede ser el aspecto más decisivo para su futuro. Como docente y padre cambiaría daría parte de los conocimientos que adquieren mis alumnos o hijos a cambio de que encontraran su auténtica pasión y que pudieran apostar por ella.

Existen incontables ejemplos de personas que eran unos auténticos fracasados hasta que encontraron su auténtica pasión. Entre este grupo de personas podemos citar a Albert Einstein, quien no habló hasta cumplir los tres años, pasó sus estudios con dificultad e incluso trabajó a nivel precario durante años en la oficina de patentes. Bill Gates fracasó en la escuela, incluso le llevaron al psicólogo para descubrir si tenía algún problema, a lo que el psicólogo contestó que Bill no haría nada bueno en su vida, que sería un fracasado. Su historia cambió radicalmente cuando descubrió su pasión.

Conviene reconocer que descubrir la propia pasión es algo dificultoso. Una de las vías para lograrlo consiste en explorar diferentes opciones, probar distintas experiencias, buscar nuevas aventuras, etc. Sin embargo, el mejor consejo que me han dado nunca para encontrar la pasión es escuchar a tu corazón y dejar a un lado el dinero. Como solía decir Steve Jobs «sigue a tu corazón, a tu intuición, ellos saben realmente lo que deseas». Existen muchísimas personas que han renunciado a su pasión para asegurarse un sueldo o para, al menos a corto plazo, ganar más dinero. Creo que es un gravísimo error. Las pocas personas que han tenido claro y han seguido su pasión, a medio y largo plazo suelen ganar muchísimo más dinero que los que han renunciado a la pasión buscando, precisamente, el dinero. Como bien recomienda Richard St. John, autor, conferenciante y estudioso del éxito, «sitúa el dinero al final de la lista de prioridades y a la pasión en la cabeza de ellas».

La auténtica prueba para saber si has encontrado tu verdadera pasión, es determinar si la realizarías de forma gratuita. Solo en los casos que así sea, habrás encontrado tu auténtica pasión. Si no es el caso, te recomiendo que trabajes de lo que puedas y sigas buscando tu pasión. La diferencia es abismal. Cuando encuentras tu pasión, le dedicas mucho más tiempo, eres mucho más creativo, y terminas por ofrecer un gran producto o servicio, con lo que aportas más valor a la sociedad y también obtienes excelentes resultados. No dejes de buscar tu pasión, vale la pena, te permitirá tener más éxito y ser más feliz.

El síndrome del domingo por la noche

Recuerdo perfectamente que cuando era un niño tenía unos fines de semana divertidísimos. Practicaba deporte, quedaba con mis amigos, salíamos a cenar con mis padres, veíamos el futbol por la tele... Disfrutaba de gran cantidad de actividades que me encantaban y me hacían muy feliz. Guardo grandes recuerdos de los fines de semana de mi infancia. No obstante, cuando se acercaba el domingo por la noche, me acechaban todos los males. Tenía un amplísimo repertorio de dolencias y molestias: dolor de cabeza, de barriga, anginas, malestar general... Afortunadamente, mis padres hacían caso omiso a estas quejas, pues conocían perfectamente el origen de mis indisposiciones: no quería ir al colegio porque me aburría profundamente.

Posteriormente, a medida que me ido haciendo mayor he recordado muchas veces aquellos domingos por la noche. Y me he dado cuenta de que en la carrera profesional, el momento más importante de la semana es, a mi entender, el domingo por la noche. Es en este momento cuando te das cuenta qué significa para ti tu trabajo y el proyecto que tienes entre manos. Supongo que para la mayoría de profesionales, lo más frecuente es que los domingos por la noche sean tristes y apáticos, pues termina el ocio y empieza el tedio. Estoy convencido de que buena parte de las personas que están en activo tienen estos sentimientos al terminar el fin de semana. En algunos casos, incluso es posible que aparezcan las dolencias que yo experimentaba en mi infancia.

Por suerte, para algunas personas como yo, el domingo por la noche es algo realmente especial. Es un momento en que la cabeza está en ebullición: repasas la agenda de la semana, se te ocurren ideas y estás deseando que empiece el lunes para realizar aquello que tienes en mente. Por lo que he experimentado, solo consigues grandes éxitos profesionales cuando los domingos por la noche son activos, ilusionantes, llenos de motivación, etc. Porque para lograr grandes resultados, es imprescindible la pasión. Si repasamos las historias de grandes *cracks*, de auténticos fueras de serie en diferentes disciplinas, hay un elemento común a todos ellos, la pasión. Resulta prácticamente imposible encontrar a alguna persona que haya triunfado claramente en su disciplina sin estar realmente apasionado por ella. Yo todavía no he visto a nadie. Y no es necesario tener que acudir a los grandes *cracks* mundiales, simplemente es necesario mirar en nuestro entorno más próximo. Seguro que todos conocemos personas cercanas que están consiguiendo grandes resultados. Estoy plenamente convencido, que todas ellas comparten la pasión como elemento clave de su éxito.

Me gusta definir la pasión como aquello que harías aunque fuera sin remuneración. Porque cuando trabajas con pasión, los resultados son diametralmente diferentes. El tiempo vuela, te vuelves muchísimo más creativo, motivas a los demás muy fácilmente, eres mucho más ambicioso, le dedicas mucho más tiempo, estás de buen humor... Son incontables los beneficios que aporta trabajar con pasión o en tu pasión, respecto a no hacerlo. Porque, como dice Sir Ken Robinson, «todos tenemos un lugar donde hacemos aquello que realmente queremos hacer y donde somos quienes siempre hemos querido ser». ¿Y tú, ya has encontrado tu lugar, tu pasión?

Diferénciate y/o especialízate

Resulta imprescindible que cada uno de nosotros pensemos y analicemos a fondo en qué nos podemos diferenciar, qué podemos ofrecer al mercado que no lo puedan ofrecer los otros profesionales que compiten con nosotros. Tenemos que entender bien, dentro de nuestro ámbito profesional cuáles son los elementos que pueden diferenciarnos de los otros profesionales y a su vez sean bien valorados por las empresas del sector.

Una de las personas que ha desarrollado con mayor acierto esta estrategia de diferenciación es el conocido publicista barcelonés Risto Mejide. Seguramente no es el mejor publicista del país, ni el mejor crítico musical, ni ha sido el primero y seguramente tampoco es el más bien preparado o el que tiene más experiencia. Lo que sí resulta evidente es que Risto es realmente diferente del resto de profesionales. Ha hecho, de la diferenciación (basada en el atrevimiento, la polémica y la molestia —como él dice—), su seña de identidad, su estrategia competitiva para convertirse en una extraordinaria marca personal.

Quiero compartir contigo dos frases que resumen perfectamente el concepto de diferenciación. La primera es de Ronni Apteker (conocido emprendedor australiano, escritor y conferenciante) que decía «Si no eres capaz de diferenciarte por alguna razón, serás substituido por cualquier razón». Y la segunda es del *sherpa* de la marca personal en España, Andrés Pérez Ortega: «Si eres uno más, serás uno menos». Por lo tanto ¿ya has pensado cómo te diferenciarás de tus competidores?

Por otra parte, la especialización genera grandes ventajas para la gestión de la marca personal. En la gran mayoría de profesiones (médicos, abogados, ingenieros...) los especialistas suelen tener un reconocimiento profesional mayor. Un magnífico ejemplo de especialización como estrategia de gestión de la marca personal es el Dr. Eduard Estivill. Desde hace muchos años este profesional de la medicina se ha especializado en temas de sueño, inicialmente infantil. La mayoría de personas no sabemos si es el mejor en este ámbito, lo que sí sabemos es que es el más notorio, el gran referente, el primer especialista que nos viene a la mente cuando tenemos algún problema relacionado con el sueño. A partir de la divulgación de los avances científicos sobre el sueño infantil, que realizó a través de un libro (traducido a veintitrés idiomas), se creó popularmente la marca *Método Estivill*. En base a su notoriedad, el Dr. Estivill realizó un importante despliegue de *personal branding*. Lo hizo a través de múltiples acciones: colaboración en programas televisivos, conferencias, Clínica del sueño, etc. Me parece una extraordinaria marca personal.

Peter Montoya, especialista en marca personal, dijo: «Especialízate o gasta». Si no nos especializamos en un determinado ámbito tendremos que invertir mucho tiempo y dinero en darnos a conocer, captar clientes, etc. ¿Ya sabes en qué te especializarás... o continuarás siendo un generalista?

Enfócate

Una de las características más comunes y más importantes en las personas realmente exitosas es su capacidad de enfocarse en un tema en concreto, en centrarse en una actividad o disciplina determinada. A mi entender es, además, una de las características más difíciles de desarrollar (y hablo por propia experiencia). La mayoría de personas ambiciosas, emprendedoras y muy motivadas profesionalmente suelen tener mayor dificultad para enfocarse en una actividad concreta. Por su carácter, por su motivación y por sus ganas, porque disfrutan creando y asumiendo nuevos retos, suelen tener una alta tendencia a la dispersión.

Este dilema entre la dispersión y la concentración de esfuerzos es lo que el profesor de ESADE y especialista en *marketing*, Lluís Martínez-Ribes, llama perdigonear o tirar con bala. El profesor diferencia entre disparar un proyectil que se dispersa con la distancia —los perdigones— y, por tanto, provoca menos daño en su impacto, y una bala, que centra todos los esfuerzos en un punto preciso.

Ante este dilema, creo sinceramente que enfocarse en un objetivo concreto es una magnífica elección. Muchos profesionales trabajan realmente duro, intentan hacer muchas cosas y, sin embargo, su trabajo se diluye. Se trata de especializarse en un determinado ámbito y convertirse en un experto. Recuerda el refrán «quien mucho abarca, poco aprieta».

Debes aprender a decir no a oportunidades que no encajan con tu estrategia o que no te acercan a tus objetivos. El compositor y productor musical Quincy Jones dijo: «Si analizas a las personas realmente exitosas te das cuenta de que no son geniales en muchas cosas; sino en una única cosa».

Saber – Querer – Hacer

Saber, querer, hacer. Son tres verbos fundamentales para el desarrollo de la marca personal (y diría que para cualquier otro tema también). Saber —el conocimiento— es el primer eslabón, la base de la pirámide de cualquier ámbito de actuación. Para la mayoría de personas, esta etapa se circunscribe única y exclusivamente a su juventud, y finaliza cuando terminan sus estudios y se incorporan al mercado laboral. A mi entender, la etapa de formación debe desarrollarse a lo largo de toda la vida.

Recuerdo perfectamente el día de mi graduación universitaria, cuando un alto directivo de un organismo financiero internacional compartió conmigo su experiencia, que ha sido uno de los mejores consejos que he recibido jamás: «Llevo toda la vida estudiando inversiones, en renta fija, variable, divisas, materias primas... y todavía no he visto inversión más rentable que la formación.».

El segundo eslabón del desarrollo personal y profesional tiene que ver con la motivación, con el querer. De nada sirve estar muy formado si no estás motivado, si no deseas conseguir algo, si no quieres lograrlo. Las personas que tenemos la responsabilidad de formar o dirigir personas, no solo debemos transmitirles conocimiento, sino que además debemos estimularles. Debemos ayudarles a encontrar su auténtica motivación.

Adquirir conocimiento y motivarse es muy beneficioso, aunque de nada sirve si no termina en acción. Es imprescindible llegar al tercer escalón, el hacer. La vida está llena de personas con muy buenos propósitos, con muy buenas intenciones; sin embargo, lo que marca la diferencia no es tanto el nivel de conocimientos (cada vez más parejo y menos decisivo), ni la motivación, sino que la auténtica diferencia está en la acción. Como decía Henry Ford con gran acierto, «No puedes construir tu reputación con aquello que sabes o con aquello que deseas hacer, solo construirás tu reputación con tus acciones».

No te olvides del producto

Existe una ley en *marketing* que dice que «la publicidad debe descansar sobre un buen producto». De nada sirve invertir mucho en publicidad si el producto no tiene la suficiente calidad como para satisfacer a los consumidores. En el mundo de los profesionales esta ley también aplica. Y en este caso, el producto eres tú. Es importante que trabajes a fondo tu blog personal, que seas muy activo en las redes sociales... y que recuerdes siempre que tu producto eres tú. Invierte en ti, fórmate, aprende idiomas, desarrolla nuevas competencias que te ayudarán, acumula experiencia, viaja, lee mucho, acude a conferencias y congresos.

El momento es ahora... y la persona eres tú

Ya han pasado unos cuantos años desde aquel agosto de 1997, cuando el experto en *marketing* Tom Peters publicó en la revista *Fast Company* su famoso artículo titulado *The Brand Called You*, que fue una llamada de atención a la importancia de gestionar la marca personal. Desde entonces, la excelente labor de grandes profesionales del *personal branding* a nivel internacional como Peter Montoya, William Arruda, Catherine Kaputa, entre otros, y de profesionales en España como Andrés Pérez Ortega (*sherpa* de la marca personal en España), o de proyectos como el de Soymimarca, han conseguido divulgar la importancia y los principios de la marca personal entre la gran mayoría de profesionales. Quien más o quien menos está convencido de que, hoy en día, resulta imprescindible gestionar la propia marca personal.

Lamentablemente, todavía quedan muchos profesionales que no han empezado a desarrollar su marca personal. Aunque reconocen la importancia del *personal branding*, se excusan argumentando de que no tienen tiempo, de que ya están bien a nivel laboral, o de que el *marketing* no les interesa. Sin embargo, muchos cambian de opinión cuando son despedidos o cuando tienen ante sí un reto profesional que requiere una buena marca personal (un proyecto, un posible ascenso, etc.). En ese momento se convencen de repente y quieren recuperar cuanto antes el tiempo perdido. Hubiera sido mejor haber empezado mucho antes, porque las marcas personales —igual que sucede con las marcas corporativas—, requieren de tiempo. Como suele decirse, para gestionar la marca personal tienes que subir por la escalera paso a paso, porque el ascensor no funciona.

Por lo tanto, seas funcionario, estés en una gran empresa, estés satisfecho con tu vida profesional o no lo estés, seas un profesional liberal o un asalariado, empieza cuanto antes a gestionar tu propia marca personal. La hayas trabajado mucho o poco, lo hagas por convicción o por necesidad, empieza... AHORA. Ahora es el segundo mejor momento para empezar a gestionar tu marca personal, el mejor momento fue hace años.

Y en este desafío, estás solo. Muchos de los retos que vas a afrontar a nivel profesional los vas a trabajar en equipo. Te vas a rodear de buenos profesionales, de especialistas que complementarán tus conocimientos y harán que entre todos cumpláis el objetivo. Pero a nadie más que a ti le interesa potenciar tu marca, diferenciarse de sus competidores, tener éxito y ser más feliz. Por lo tanto, TÚ eres el principal (o único) interesado en gestionar de forma eficiente tu marca personal. ¿Quién más sino, estaría dispuesto a trabajar duro para gestionar tu marca personal? Lánzate al mundo del *personal branding*.

No busques excusas...

Suelo clasificar a todas las personas en dos grandes grupos. El primer grupo, es el que yo llamo de las excusas. Las personas que forman parte de él siempre tienen excusas para justificar cualquier actuación. Su repertorio es amplísimo y adaptable a cualquier situación y circunstancia. Este grupo es el mayoritario y crece con fuerza. En cambio, las personas del segundo grupo, son aquellas que afrontan en primera persona sus resultados y no evaden las responsabilidades. Suelen ser más ambiciosas y tienen un claro deseo de mejorar. Son inconformistas y autocríticas por naturaleza.

La buena noticia es que se ha demostrado científicamente que esta actitud aumenta notablemente las posibilidades de tener buenos resultados y de crecer, tanto a nivel personal como profesional. Uno de los personajes públicos que ejemplifica a la perfección esta actitud es Michael Jordan, probablemente el mejor jugador de baloncesto de la historia. En una entrevista que concedió al final de su carrera deportiva, afirmó «he fallado más de 9000 tiros, he perdido más de 300 partidos y en 26 ocasiones me he jugado el último punto para ganar... y lo he fallado (...). He fracasado una y otra vez, y es por ello por lo que creo que tengo éxito».

Tú decides en qué grupo quieres estar. Solo depende de ti. Puedes apostar por continuar siendo efecto o pasar a ser causa. Por atribuir a los demás tus resultados o por responsabilizarte en primera persona de ellos. No eludas tus responsabilidades. No busques excusas... porque las encontrarás.

Cracks: ¿nacen o se hacen?

Convertirse en *crack*, este es uno de los principales sueños que tienen muchos jóvenes —y sus padres también— cuando empiezan a practicar una determinada disciplina, ya sea a nivel deportivo, en el ámbito profesional, de los estudios, etc. Numerosos científicos han dedicado muchas horas de investigación para intentar descubrir qué se encuentra tras el éxito, qué hay que hacer para convertirse en un *crack*.

Uno de los mejores estudios en este ámbito lo realizó Benjamin Bloom, profesor de Educación en la Universidad de Chicago. En su libro *Developing talent in Young people*, analiza la infancia de 120 auténticos *cracks* de diferentes disciplinas como la música, las artes, las matemáticas o la neurología. Sorprendentemente, no halló indicadores que, de alguna manera, hubiesen podido predecir su éxito. Por lo tanto, aparentemente no se observa ninguna característica previa o genética que permita deducir que una persona será un *crack* en su especialidad.

Y entonces, ¿de qué depende el éxito? ¿Cómo podemos explicar que unas (pocas) personas acaben convirtiéndose en auténticos *cracks* mientras que otras (la gran mayoría) no pasan de la mediocridad? ¿Han heredado el talento? Una de las principales conclusiones de Bloom es que los *cracks* han practicado de forma muy intensiva, han trabajado muy duro practicando muchas horas. Y cuando hablados de práctica, no solo es un tema de cantidad (imprescindible), sino también de calidad. Y por calidad entendemos aquella práctica que lleva a niveles superiores de competencia, y siempre con la compañía de algún *coach* que haga de guía y, a su vez, enseñe a la persona cómo guiarse a sí mismo.

También suele ser común en los *cracks* el hecho de que han estudiado con grandes profesores o han entrenado con grandes entrenadores. La influencia del profesor, entrenador, *coach*, mentor o similar es esencial para conseguir un gran nivel en una determinada disciplina.

Por otra parte, las personas que llegan a la categoría de *cracks* habitualmente han sido animados con mucho entusiasmo por su familia durante años, han sentido siempre el aliento de su gente, ayudándoles siempre, tanto en los buenos momentos como en los no tan buenos.

Con estos factores, podemos concluir, una vez más, que los *cracks* se hacen, no nacen como tales. La maestría, el dominio de una disciplina se adquiere con el tiempo, se desarrolla, se entrena, se aprende…

Otro libro que refuerza estas tesis es *The Cambridge Handbook of Expertise and Expert Performance*, que realiza una extensa recopilación de estudios que analizan auténticos a genios. Este manual afirma que el éxito resulta inalcanzable para los que se rinden pronto, para los que no perseveran y para los que son impacientes.

Para conseguir ser un *crack* es necesario mucho trabajo, sacrificio, incluso dolor. Suele decirse que en el camino hacia el éxito no hay atajos que valgan. Es imprescindible invertir muchísimas horas de trabajo.

Y este punto me recuerda una frase que se puso de moda a finales de los años 80 entre los atletas norteamericanos que aspiraban a clasificarse para los Juegos Olímpicos Barcelona de 1992. La frase decía *No pain, no Spain*, y se refería a que, sin dolor, sin sacrificio ni trabajo, no se llegaba a Barcelona, es decir, a la clasificación para los Juegos Olímpicos. Esta cita me impactó mucho y he observado durante todos estos años que es muy aplicable a muchos ámbitos. Adaptando esta frase, podríamos decir *no pain, no success*. Por lo tanto, sin dolor, sin sacrificio y trabajo, el éxito no llega.

El talento de las personas fue objeto de estudio en el conservatorio de música de Viena. Se pidió a los profesores de primer curso que clasificaran a sus estudiantes según su facilidad para la música —talento innato—. Unos años después, al terminar sus estudios, se comparó el nivel musical logrado con el talento que se había observado en el primer curso. Sorprendentemente, no había ninguna correlación entre la facilidad inicial y el nivel musical conseguido. Por el contrario, se pidió a los profesores que clasificaran a los alumnos de último curso según la dedicación que habían tenido durante su etapa en el conservatorio. Los estudios demostraron una grandísima correspondencia entre el tiempo dedicado y el nivel logrado. De esta forma, los científicos concluyeron que el nivel conseguido dependía básicamente del tiempo invertido en la formación y nada tenía que ver con la presunta facilidad innata.

Inteligencias múltiples

Uno de los mejores amigos de mi familia es una persona especial. Esta persona, es lo que muchos suelen llamar un retrasado o discapacitado mental. Lamento mucho y me entristece enormemente oír o utilizar estos términos. Me parecen tremendamente ofensivos, injustos y poco apropiados. Para mi familia, nuestro amigo es un superdotado. Es muchísimo mejor que la mayoría de las personas que se consideran normales en aspectos como la sinceridad, el cariño, el amor, la ternura... A pesar de que en algún tipo de inteligencia —como puede ser la inteligencia lógico-matemática—, presenta niveles muy por debajo de la media; y también es cierto que en otras habilidades y competencias, está muy por encima de los demás. Por eso me niego a considerarlo un discapacitado.

Todos somos discapacitados, pues todos tenemos algunas habilidades, algunas competencias en las que estamos por debajo de los demás. Afortunadamente, todos tenemos alguna competencia en las que somos realmente buenos. En este sentido, resulta imprescindible entender la obra del psicólogo norteamericano de Harvard Howard Gardner, (Premio Príncipe de Asturias en Ciencias Sociales en 2011), quien en 1983 publicó su obra maestra *Inteligencias múltiples*. El libro, y toda la teoría que de él emana, se basa en que no existe una inteligencia, sino varias. Gardner presenta siete tipos de inteligencia: lingüística, lógico-matemática, corporal y cinética, visual y espacial, musical, interpersonal e intrapersonal. En esta línea, critica los típicos test de inteligencia, que solo miden un tipo de ellas, y también se opone totalmente a que todos seamos medidos por la misma vara.

Coincido plenamente con Gardner; existen múltiples inteligencias. Estoy seguro de que cada uno de nosotros tiene alguna habilidad, alguna competencia o disciplina en la que realmente somos muy buenos e incluso podemos ser mejores. Por el contrario, en muchas otras áreas somos realmente muy poco competentes.

Porque, a mi entender, todos somos muy inteligentes, todos somos muy buenos en alguna disciplina. Todos podemos ser auténticos *cracks*, si encontramos aquel ámbito en el que podemos desarrollar todas nuestras capacidades. Entender el concepto de inteligencias múltiples de Gardner resulta fundamental para potenciar las peculiaridades de cada uno de nosotros.

Anexo

Checklist de la marca personal

Autoanálisis
Competencias
- Conocimientos
- Habilidades
- Actitudes
- Valores

Motivación
Pasión
Experiencia
Talento
Herramientas
- Ventana de Johari
- Círculos de autoconocimiento

Análisis estratégico
Misión
Visión
Valores
Objetivos
Valores
Ventaja competitiva
Estrategias competitivas
- Diferenciación
- Especialización

Herramientas
- Mapa de posicionamiento
- DAFO (Debilidades, Amenazas, Fortalezas y Oportunidades)
- Lienzo del modelo de negocio

Creación del mensaje
Perfil de marca personal (*personal brand profile*)
Declaración de marca personal (*personal brand statement*)
Eslogan
Elevator pitch

Comunicación *offline*
Tarjeta de visita
Networking
Asistencia a foros profesionales
Formación, demostraciones y otros eventos
Medios de comunicación
Libros
Currículum vitae
Carta de presentación
Vídeo-cv
Imagen personal
Comunicación no verbal

Comunicación 2.0
Web personal
Blog
Redes sociales
- *Networking*: LinkedIn
- Comunicación: Twitter
- Punto de encuentro: Facebook
- Galerías de imágenes: Instagram, Pinterest
- Vídeos: YouTube, Vimeo
- Presentaciones: SlideShare

Publicidad
Gestión, control y medición de resultados

Dedicatoria

A mis abuelos Llorenç y Leonor, Ismael y Emilia. Donde estéis, seguro que os hará mucha ilusión ver publicado este libro.

A mis padres Josep Maria y Emilia. Sois los mejores padres del mundo. Vuestra marca, imborrable.

A Montse, mi compañera de trabajo, mi amiga, mi esposa y mi media mitad desde hace más de 23 años. Quiero andar contigo el resto del camino.

A mis hijos Pau y Marta. Sois los mejor que me ha pasado en esta vida. Os quiero muchísimo

Agradecimientos

Quiero dar las gracias a todas aquellas personas que han sido decisivas en mi carrera profesional, a todas las que me han dejado **marca**. Quería empezar estos agradecimientos dando las gracias a la persona que más me ha ayudado en mi carrera profesional. Se trata de **Lluís Martínez-Ribes**, la persona más influyente (con diferencia) de mi carrera profesional. Tuve la suerte de ser alumno suyo en ESADE. Años más tarde, cuando yo contaba solo con 26 años de edad, me ayudó a montar mi propia empresa de consultoría de *marketing* (Smart Marketing). Más adelante, fue también totalmente decisivo en mi fichaje como director general de Fira de Lleida. También, le quiero agradecer el hecho de haber escrito el prólogo de este libro. Además, suele decirse que, detrás de cada gran hombre existe una gran mujer. En su caso es totalmente cierto. Su mujer, **Rosa Franch**, ha sido su gran puntal y su apoyo tanto a nivel profesional como personal.

También quiero dar las gracias a todas las personas que han confiado en mí durante mi carrera profesional. A **Josep Lamolla**, quien me apoyó totalmente justo al terminar mis estudios en ESADE. A **Ignasi Solé**, director general de Natural Optics Group, quien me dio la oportunidad de trabajar en su departamento de *marketing*, y posteriormente me ha brindado su confianza a nivel profesional y su amistad a nivel personal. También quiero dar las gracias a **Àngel Ros** (alcalde de Lleida y presidente del Patronato de la Fira de Lleida), a **Ramon Roca**, presidente de Ros Roca Group y a **Santiago Solanas**, exCEO de Sage España y actualmente Director de

Marketing mundial de Sage. Y también a todas las personas que me han acompañado en este viaje profesional. He tenido la suerte de compartir experiencias con grandes profesionales.

Cambiando de registro, quiero dar las gracias a todos los profesores que he tenido a lo largo de mi vida. Sin duda, el profesor del que guardo mejor recuerdo es el hermano marista **Antonio Alegre**. Fue profesor mío en mis años finales de Educación Primaria. Creo que allí nació mi vocación por la enseñanza y siempre ha sido el espejo en el que me he querido mirar en el ámbito de la docencia. Además, me transmitió su profunda vocación solidaria y su enorme respeto por los demás. Siguiendo en el ámbito educativo, quiero dar las gracias a **ESADE**. Estudiar allí ha sido una de las experiencias más transformadoras de mi vida. Se trata de una gran marca que deja marca. También estoy muy agradecido a la **Universitat de Lleida**, que me ha permitido cumplir uno de mis sueños; ser profesor universitario. Además, quiero agradecer muy sinceramente a todos los alumnos que he tenido, tanto en la UdL como en diferentes centros y empresas. He intentado aprender de todos vosotros y aportar mi granito de arena para que seáis mejores profesionales... y mejores personas.

También quiero dar las gracias a **Guillem Recolons**, uno de los grandes de la marca personal y una gran persona, que además ha tenido la enorme gentileza de escribir el precioso prólogo con el que se inicia este libro.

Siguiendo con el libro, quiero agradecer muy sinceramente la amabilidad que han tenido **Michal Novak** y **Montse Castillo** al compartir con los lectores el trabajo que realizaron cuando definieron su marca personal. Y a la **Dra. Antonieta Barahona**, una de mis primeras clientes de marca personal, y al **Dr. Mario Alonso Puig** por sus recomendaciones.

Y quería terminar estos agradecimientos dando las gracias a una persona muy especial para mí, mi tío **Antonio Claramunt**. Ha sido durante muchos años director de exportaciones de San Miguel —empresa cervecera— y también empresario de éxito. Su amplia y brillante trayectoria profesional causó en mí, desde bien joven, el deseo de formarme y dedicarme profesionalmente al mundo del *management*. Su influencia y ayuda me han dejado marca y le estoy enormemente agradecido.

Muchas gracias a todos.

El autor

Foto: Michal Novak

Xavi Roca Torruella. Nació en Lleida en 1974. Es licenciado en Administración y Dirección de Empresas y MBA por ESADE.

A nivel profesional ha dirigido empresas como SAGE Eurowin, Ros Roca S.R.N. y Fira de Lleida. Actualmente, es socio consultor en Smart Marketing (consultoría de *marketing*), empresa que fundó en 2001.

Como docente es profesor asociado de la Universitat de Lleida (UdL) y profesor del máster de *personal branding* de la facultad de comunicación de Blanquerna-Universitat Ramon Llull. Imparte numerosos cursos y seminarios en diferentes instituciones públicas y en empresas privadas. Asimismo, es conferenciante habitual sobre la marca personal.

Le puedes seguir en www.xaviroca.com y en Twitter: @xaviroca